Holly Rose

Lesbische Liebe 3

Erotische Geschichten

BLUE PANTHER BOOKS TASCHENBUCH
BAND 2824
1. AUFLAGE: MAI 2024

VOLLSTÄNDIGE TASCHENBUCHAUSGABE
ORIGINALAUSGABE

LEKTORAT: JASMIN FERBER

COVER:
© ARTEMFURMAN @ 123RF.COM
© SKDESIGN @ 123RF.COM
UMSCHLAGGESTALTUNG: MT DESIGN
GESETZT IN DER TRAJAN PRO UND ADOBE GARAMOND PRO

PRINTED IN POLAND
ISBN 978-3-7507-4192-8
WWW.BLUE-PANTHER-BOOKS.DE

INHALT

1. Die Nacht
der lesbischen Zärtlichkeiten 5

2. Macht euch nackt:
Das lesbische Bootcamp 23

3. Lesbisches Treiben im Frauenknast .. 42

4. Intim untersucht - von der
lesbischen Frauenärztin verführt .. 61

5. Die lesbische Domina............. 79

6. Das lesbische Escortgirl 99

7. Lesbische Spiele im Aufzug 118

8. Geile lesbische Spiele
beim Naturvolk 137

9. Die lesbischen Hexen 156

10. Der scharfe
lesbische Dreier...... im Internet / 174

Mit dem Gutschein-Code

HR29TBCHGR

erhalten Sie auf **www.blue-panther-books.de** diese exklusive Zusatzgeschichte als E-Book in den Formaten PDF, E-PUB und Kindle. Registrieren Sie sich einfach online oder schicken Sie uns die beiliegende Postkarte ausgefüllt zurück!

Die Nacht der lesbischen Zärtlichkeiten

Kirsten Brennecke hatte einen anstrengenden Arbeitstag hinter sich. Sie, die im Bordrestaurant eines ICE arbeitete, verteilte gerade Mineralwasser, welches die Bahn kostenlos zur Verfügung stellte. Mal wieder war die Klimaanlage eines Zuges ausgefallen, und das bei einer Außentemperatur von um die dreißig Grad.

Doch Kirsten war schon viel zu lange bei der Deutschen Bahn, als dass sie solche Szenarien noch erschüttern konnten. Beschimpfungen ließ sie an sich abtropfen, entschuldigte sich für das Dilemma und verteilte Hotelgutscheine für die Reisenden, denn der Zug musste in Hamburg gewartet werden. Allmählich legte sich dann auch die Aufregung und die Reisenden fanden sich damit ab, in einem Hotel zu übernachten. Als Kirsten mit einem Zugbegleiter noch einmal den ICE kontrollierte, ob auch wirklich alle Fahrgäste ausgestiegen waren, konnte der Zug auf ein anderes Gleis geleitet werden, damit die Wartung in der Nacht ausgeführt wurde. Sie selbst sehnte sich nach ihrem wohlverdienten Feierabend, trank noch schnell ihr Glas leer, welches noch auf dem Tresen stand, und freute sich auf eine kalte Dusche.

Als sie vor dem Haus stand, in welchem sich die Wohnung befand, war Kirsten froh darüber. Sie riss alle Fenster auf, dann schaute sie in den Kühlschrank. Sie hatte unbändigen Durst und tatsächlich standen dort einige Flaschen stilles Wasser. Einmal in der Woche reinigte eine Putzfrau die Wohnung, und Kirstens Eltern waren wohl so schlau gewesen, immer etwas zu trinken und eine Kleinigkeit zu essen in der Wohnung bereitzuhalten.

Kirsten lächelte. Auf ihre Eltern war schon immer Verlass gewesen. Ihre Mutter würde es niemals zulassen, dass ihre Tochter Durst und Hunger leiden musste. Kirsten knabberte noch an einem Knäckebrot, welches sie im Vorratsschrank fand, dazu noch einen Apfel, mehr brauchte sie nicht.

Sie wollte nur duschen, und dann ins Bett. Allmählich kam ihr Gedankenkarussell zur Ruhe und die Müdigkeit überfiel sie. In der nächsten Woche würde sie die Route nach Basel übernehmen, und da würde Susanne …

Du liebe Zeit, Susanne! Die hatte sie völlig vergessen anzurufen. Kirsten griff zu ihrem Handy, und als Suse sich meldete, erzählte sie ihr in Kurzform das, was passiert war und Suse meinte: »Ach, du liebe Zeit, und das bei dieser Hitze! Wo bist du denn jetzt? In der Wohnung deiner Eltern – äh, ich meinte in deiner!«

Kirsten bejahte und lachte, weil es Susanne immer noch peinlich war, wenn sie vergaß, dass es nun Kirstens Wohnung war. Man unterhielt sich noch eine Weile, doch dann legte Kirsten auf.

Unter die Dusche, endlich unter die Dusche. Sie mochte gar nicht wieder darunter hinweg, doch irgendwann trat sie aus der Dusche heraus, trocknete sich ab, rieb ihren Köper mit einer wohlriechenden Bodylotion ein, dann ließ sie den Tag ausklingen, indem sie sich vor das Fenster setzte und auf die Straßen der Stadt blickte.

Sie dachte an Susanne, die ein echter Glücksgriff gewesen war. Zwar kannten sie sich bereits seit Jugendzeiten, doch geknallt hatte es erst in München, wo diese einen Souvenirladen betrieb, der sehr gut lief, weil Susanne keinen Kitsch verkaufte, sondern hübschen Zierrat. Es wurde eine unglaublich schöne Liebe, die gekrönt wurde durch ein kleines Häuschen in Pfeffenhofen, welches sich die beiden zurechtmachten. Seitdem lebten sie dort glücklich und zufrieden, ohne Trauschein. Ihre Liebe brauchte diesen Fetzen Papier nicht.

***

Kirstens Grübeleien setzten erneut ein. Sie dachte an Susanne, ihre Art, sie abzuholen, sie runterzubringen und dann zu lieben, wie nur Susanne es konnte. Kirsten selbst mochte sich nicht vorstellen, wie es ohne Susanne sein würde; sie verstanden sich blind und auch wenn mal etwas in Schieflage geraten war, sprach man sich aus, ging nie aufgeladen ins Bett.

Kirsten lächelte, holte sich noch eine Flasche stilles Wasser aus dem Kühlschrank und trank nicht mehr so gierig. Ihre Kehle war nicht mehr so ausgedörrt. Kurze Zeit später, es war bereits weit nach Mitternacht, legte sie sich schlafen und ließ die Fenster geöffnet. Ein warmer Wind wiegte sie in den Schlaf, es war eine gute Entscheidung von ihr, die Fenster geöffnet zu lassen.

Ein diffuser Traum würde diese Nacht begleiten, und später würde sie nicht sagen können, ob es Wirklichkeit oder Träumerei gewesen war.

Sie befand sich wieder im ICE, in einem Schlafabteil, welches für Zugbegleiter eingerichtet war, die auch über Nacht reisen mussten. Diese Fernzüge waren mit Parzellen ausgestattet, in denen sich das Bordpersonal erholen, sich frisch machen konnte und als Kirsten gerade eingeschlafen war, betrat eine Frau diesen Raum.

Woher sie kam? Kirsten hatte keine Ahnung, doch sie fuhr sanft über ihr Gesicht und wisperte leise: »Ich bin wieder da, vielleicht erinnerst du dich noch an mich.«

Zärtliche Küsse folgten, das Verlangen in dem Körper der unbekannten Frau musste riesengroß sein, denn sie fuhr mit sensiblen Händen über Kirstens Brüste hinweg, saugte und knetete ihre Nippel. Diese süßen kleinen Nippel, diese warme weiche Haut und eine enge Vagina. Die Frau war bereit, Kirsten in dieser Nacht zu verwöhnen.

Sie nahm auf Kirstens Bett Platz. Beobachtete die Schlafende eine ganze Weile, nahm die zartduftende Haut wahr; später würde sich Kirsten nur an das schwere Parfüm dieser Frau erinnern, nicht mehr und nicht weniger.

Der Zug rauschte durch die Nacht und die Frau begann erneut, Kirsten sanft zu streicheln. Sie küsste ihren Mund, saugte an ihren Lippen, griff mit einer Hand nach ihrem Geschlecht, kroch unter Kirsten und pustete sanft über die Schamlippen.

Kirsten stöhnte leise, ihre Augenlider flirrten. Die Feuchtigkeit und der erregende Duft, welcher von Kirstens Geschlecht ausging, ließen diese Frau träumen. Vor ewigen Zeiten hatte sie schon einmal von Kirsten geträumt. Nun lag sie auf ihr, rieb sich an ihr. Sog an ihren Brüsten, leckte ihre Achselhöhlen, fuhr mit den Fingern ihren Hals entlang.

Die Frau stöhnte erregt auf, sie führte ein paar Finger in Kirstens feuchte, warme Liebesgrotte ein und drehte diese ein wenig. In ihren Augen stand die Lust geschrieben, und Kirsten in ihren Armen zu halten, davon hatte sie nur allzu lange geträumt. Die Frau rieb ihre Möse sanft an Kirsten, und ein tiefer Seufzer entfleuchte der Frau, als sie einem Höhepunkt erlag, der ihr die Sinne nahm.

Sie überlegte, ob sie diese Intensität schon einmal erlebt hatte, sah Kirsten dankbar an und verneinte innerlich. Kirsten war wunderschön. Dieses Gesicht, die vollen Lippen, die langen dunklen Wimpern und die kleinen Ohren, das war ihr von Kirsten in Erinnerung geblieben.

Immer erregter wurde die Frau und führte den Daumen ihrer linken Hand über Kirstens Lippen, und als diese in tiefem Schlaf versunken ihren Mund leicht öffnete, öffnete die Frau ihn noch weiter und ließ ihre Zunge hineingleiten. Alsbald wusste sie kaum mehr wohin mit ihrer grenzenlosen

Lust, welche sie überkam, wenn sie die prachtvollen Brüste Kirstens streichelte, an ihnen saugte, sie küsste. Es erregte sie über die Maßen, als sie das schmale Rinnsal entdeckte, was sich da zwischen Kirstens Brüsten gebildet hatte. Sie leckte den Schweiß ab, sinnliche Zungenspiele folgten. Die Frau maßregelte sich selbst, weil sie Kirsten kaum in Ruhe lassen konnte. Ihre eigene Möse blinkte wie ein kleiner Stern unter dem Sternenhimmel, alles in ihr pulsierte und letztlich war es ihre eigene Hand, welche sie anlegte und sich befriedigte. Sie musste runterkommen, ansonsten wäre Kirsten vielleicht sogar erwacht. Sie legte ihre Hände um den Körper der Zugbegleiterin, sehnte sich nach mehr, und da sage noch einer, Träume sind Schäume.

In diesem Fall waren die Traumsequenzen real. Völlig irritiert sollte Kirsten aufwachen und nicht wissen, was in dieser Nacht geschehen war. Das Einzige, was ihr blieb, war die Erinnerung an eine heiße Liebesnacht, denn sie hatte Küsse auf ihrer Haut wahrgenommen, wieso war sie nicht aufgewacht?

Ihre Möse klitschnass, sie völlig irritiert. Kirsten spürte eine Hitze in sich, welche sie nicht verstand. Sie wollte die Fremde küssen, wollte ihr sagen, dass sie weitermachen solle. Sie möge ihre Art, wie sie sie befriedige, doch aus ihrem Mund kam nichts, außer ein lang gezogenes »Aaaaah«, welches sie im Schlaf von sich gab.

Der Frau schauderte es, ob der Dreistigkeit, welche sie an den Tag legte. Doch sie hatte sie verrückt gemacht, nicht erst seit heute – doch das war Schnee von gestern. Nur diese Nacht zählte, dann würde sie für immer verschwinden. Und diese Gelegenheit ließ sie sich nicht entgehen.

Sie hatte Kirsten ein leichtes Schlafmittel in den letzten Drink des Abends geschüttet, daher auch der tiefe Schlaf. Ihr heißes Fleisch gehörte in dieser Nacht nur dieser Frau. Kirsten würden nur vage Erinnerungen bleiben. Sie verstand ihr Handwerk – rieb sich an Kirsten. Die Frau trank den süßlichen Honigsaft aus Kirstens Möse, saugte ihn regelrecht heraus, betrachtete die wohlgeformten Labien, an denen sie zupfte, an denen sie sich gütlich tat und sich später mit der Zunge auch dem dunklen Tunnel der Lust widmete. Diese Frau war erst zufrieden, wenn sie alle Eingänge Kirstens untersucht und deren Rundungen liebevoll gestreichelt hatte.

Die Nacht war heiß, nicht nur was das Liebesspiel der zwei Frauen betraf. Draußen waren noch immer um die zweiundzwanzig Grad, im Zug war es kaum auszuhalten, doch Kirstens makellose Rundungen, ihr Po, an welchem sich die Fremde gütlich tat, all das erregte sie mehr als alles andere. Dass sie dabei unbotmäßig schwitzte und diese Schweißtropfen auf Kirstens Körper tröpfelten, interessierte sie überhaupt nicht. Sie benahm sich wie eine Löwin, die ihre große Liebe beschützen musste. Eine Versuchung folgte der anderen. Eine erotische Reise durch die Nacht, welche ihresgleichen suchte.

Die Fremde mochte nicht länger ihre Geilheit unterdrücken, setzte sich auf Kirstens Gesicht, rieb ihre Möse an Kirstens feuchtem Mund. Ein Bild für die Ewigkeit. Es wirkte in keiner Weise obszön, wie sie da auf Kirstens Gesicht hockte und ihre Möse über Kirstens weichen, warmen Mund gleiten ließ.

Die Hitze, welche ihrem Körper entströmte, musste irgendwie getilgt werden, und dieses Spiel reizte die Frau ungemein. Wenige Sekunden nur, da schoss ein Höhepunkt durch sie, dass sie kaum Worte dafür fand. Sie schrie auf, leckte mit der Zunge über Kirstens Bauch, erhob sich und ließ Kirsten einen Augenblick ruhen.

Die Fremde hatte Durst, unbändigen Durst. Irgendwo

in diesem verdammten Zug musste es doch noch etwas zu trinken geben … Da fiel ihr Blick auf die Dusche. Sie hielt ihr Gesicht unter den warmen Strahl, wusch sich mit einem Waschlappen den Schweiß von der Stirn und labte sich an dem Wasserstrahl.

Ein fahles Morgenlicht verdrängte allmählich die Nacht, doch die Frau dachte nicht im Mindesten daran, nun aufzugeben. Nein, sie würde sich an Kirsten verlustieren, solange es eben ging. Kirsten würde in ihrem Bett in Ottensen aufwachen und verdattert feststellen, dass sie nicht im Zug genächtigt hatte, sondern in ihrem eigenen Bett. Sie schüttelte ihre Haare aus; selten hatte sie so viel Spaß beim Sex genossen wie in dieser Nacht. Sich an Kirstens Körper zu reiben, war ein Hochgenuss. Sie konnte verstehen, warum da jemand zugegriffen hatte.

Kirsten hatte ihren Wecker auf neun Uhr morgens gestellt. Zwar hatte sie Zeit bis zum frühen Nachmittag, doch sie hasste es, den Tag in Hetze zu beginnen.

Sie rieb sich die Augen, drehte sich im Bett herum, war noch nicht richtig wach, wirkte leicht benebelt und kam erst ganz langsam durch.

Was für ein Traum? Hatte sie all das wirklich nur geträumt?

Sie sah zu dem weit geöffneten Fenster, Gardinen flatterten lustig im aufkommenden Wind. Hastig stand sie auf, um die Fenster zu schließen, und da sah sie eine Frau zu ihr hinaufschauen, sie warf ihr eine Kusshand zu – Kirsten kannte diese Frau nicht, doch irgendetwas hatte sie offenbar mit ihrem Traum zu tun. Sie tastete sich ab, bemerkte, dass ihre Möse megafeucht war, und stöhnte auf, als sie sich selbst verwöhnte. Das war nötig, weil sie so feucht war; offenbar war sie einem sehr intensiven Traum zum Opfer gefallen, denn ihre eigene Geilheit erschütterte sie. Kaum zu beschreiben, was Susanne von ihr denken musste, wenn sie es ihr erzählen würde. Sie sprang unter die Dusche, doch frischer wurde sie dadurch auch nicht. Da kam ihr plötzlich ein Verdacht.

Sollte da jemand nachgeholfen haben? Ihr vielleicht irgendein Zeugs in den letzten Drink gekippt haben, den sie im Zug getrunken hatte? Wäre das möglich? Natürlich wäre das möglich, und plötzlich wurde es Kirsten eiskalt ums Herz.

Sie machte sich auf zum Bäcker um die Ecke, kaufte fürs Frühstück zwei Croissants, Butter und Kaffee ein. Die Fenster hatte sie mittlerweile geschlossen, freute sich nun auf ihr Frühstück. Sie verschloss die Wohnung, legte den Schlüssel an seinen angestammten Platz.

***

Sie musste los. Ein neuer Arbeitstag lag vor ihr, im Grunde war sie froh, dass sie ihre Gedankengänge nicht weiter verfolgen musste, die Arbeit rief und das war gut so. Sie nahm sich wieder ein Taxi, hatte keine Lust zu laufen. Sie war zwar da, aber nicht anwesend; irgendetwas blockierte ihre Gehirnwindungen, vielleicht half da ein doppelter Espresso, ganz sicher sogar.

Der Zug stand bereit. Während der Nachtstunden hatten die Monteure ihn gewartet und die Klimaanlage in Ordnung gebracht; die ersten Fahrgäste stiegen bereits in den ICE ein, der sie in den Urlaub nach Kärnten bringen sollte. Für Kirsten war in München Feierabend, sie hatte erst einmal frei, hörte den Wetterbericht ab, und wusste, was sie zu tun hatte.

Trotz der erfrischenden Kühle des Morgens würden es wohl auch heute wieder um die fünfunddreißig Grad werden, und sie orderte zusätzliche Eiswürfel für kühle Drinks, welche mit Sicherheit heiß begehrt waren. Heißgetränke wie Kaffee, Tee und Kakao würden somit auf der Strecke bleiben.

Sie orderte Salate und kalte Speisen. Nur ein paar Gerichte

würden angeboten werden; immer wieder gab es Fahrgäste, die auch bei diesen Temperaturen nicht auf ihre Rouladen oder ihr Gulasch verzichten konnten.

Die erste Klasse war bereits gut besetzt und Kirsten fiel sofort eine Frau auf, die achtsam auf ihren Laptop schaute und irgendwelche Daten eingab. Diese Frau kam ihr vage bekannt vor, doch sie wusste sie nirgends unterzubringen. Plötzlich hob sich deren Blick und Kirsten erstarrte.

Es war, als wäre ein Feuerball durch ihren Körper gejagt. Doch sie ließ sich nichts anmerken, erledigte souverän ihren Job, half den Gästen bei der Suche nach einem freien Platz, hatte alle Hände voll zu tun, bis sich der Zug in Bewegung setzte, und sie sich den Espresso gönnen konnte, nach welchem sich ihr Körper bereits geraume Zeit sehnte. Mit Genuss trank sie das starke Gebräu und danach war sie auch da. Sie vergaß diese Nacht, vergaß das Erlebnis der besonderen Art, lächelte, als die ersten Gäste das Bistro betraten und nach kühlen Getränken fragten. Sie hatte also mal wieder den richtigen Instinkt bewiesen. Das Bistro füllte sich, quengelnde Kinder beruhigte Kirsten mit Lollis oder einer Eiswaffel, die das Zugpersonal verteilen durfte. Die Fahrgäste waren heute allesamt leicht genervt, vielleicht lag es an dem wenigen Schlaf, welchen sie bekommen hatten, bei den Temperaturen. Es war früher Nachmittag, als das Bistro sich zum ersten Mal an diesem Tag leerte, viele Fahrgäste ruhten ein wenig und Kirsten rechnete bis fünfzehn Uhr mit einer Pause, danach ging es mit Kuchen und Eiskaffee in die zweite Runde. Danach hatte sie Feierabend, ihr Kollege übernahm ab München.

Eine Frau betrat das leere Bistro und bestellte einen doppelten Espresso, welchen Kirsten ihr an einen Tisch servierte, auf welchem die Frau ihren Laptop abgestellt hatte. Sie erkannte die Frau aus der ersten Klasse und wies sie darauf hin, dass diese ihre Getränke an ihren Sitzplatz gebracht bekämen.

»Ich weiß«, meinte die Frau, maliziös lächelnd, »doch ich musste mir einfach mal die Beine vertreten.«

Wie sie dies sagte … Kirstens Nervenzellen reagierten sofort, eine vage Erinnerung … doch sie musste mehr wissen und fragte: »Verzeihen Sie bitte, aber kennen wir uns? Sind wir uns schon einmal irgendwo begegnet? Sie müssen entschuldigen, aber ich habe das Gefühl …«

»Ganz sicher nicht!«, fiel die Frau ihr ins Wort, »ich kenne Sie nicht und steige außerdem am nächsten Halt aus. Vermutlich sehe ich jemandem sehr ähnlich. Aber ich muss gestehen, dass Sie mir gefallen. Vielleicht …« die Frau reichte ihr ihre Visitenkarte und Kirsten blickte darauf. Nein, diese Frau kannte sie nicht.

Sie nahm sie trotzdem, vielleicht fiel ihr dazu noch etwas ein. Dann unterhielten sich die beiden Frauen völlig zwanglos über den warmen Sommer, über die allgemeinen Themen der heutigen Zeit, die Kirsten sterbenslangweilig fand.

Die Fremde fragte Kirsten, wie diese zu ihrem Beruf gekommen wäre, und Kirsten berichtete, dass ihr Vater bereits als Lokführer tätig gewesen sei, sie also mit der Bahn groß geworden sei. Für sie gäbe es nichts anderes, es sei ihr absoluter Traumberuf.

Die Fremde nickte, lächelte und meinte: »Jeder wie er mag. Für mich wäre das nichts.«

Kirsten lachte. »Viele Reisende vertreten diese Ansicht, doch wenn man einmal einen Tag diese Arbeit tut, und die Leute höflich bedient, ist man bereits infiziert. Ich könnte mir nichts anderes vorstellen, als diesen Job hier.«

»Hmh«, meinte die Fremde, »übrigens war die letzte Nacht in Hamburg wundervoll. Ich habe sie sehr genossen. Eine wundervolle Stadt mit vielen Überraschungsmomenten. Es war sehr amüsant.«

Und da waren sie wieder, die Gedanken, die Kirsten mühselig zur Seite geschoben hatte. Mit puterrotem Gesicht fragte sie die Frau: »Verzeihen Sie, aber wir waren heute Nacht nicht zufällig … äh … irgendwie zusammen! Ich hatte einen so realen Traum. Verzeihen Sie bitte … aber ich werde das Gefühl nicht los, dass wir beide die Hauptpersonen in diesem Szenario waren!«

Die Frau lachte ein raues Lachen und leckte sich über die Lippen.

»Denken Sie! So, so. Ist ja interessant! Aber vielleicht sollten sie einfach genießen, was auch immer Ihnen in dieser Nacht widerfahren ist. Ich für meinen Teil kann wohl behaupten, dass ich mich darüber freuen würde, in so einen Traum verstrickt zu sein!« Und damit ging sie durch die sich selbst öffnende Tür und ein Ehepaar mit zwei Kleinkindern betrat das Bistro und bestellte Eis für die Kinder und Kaffee für sich.

Kirsten war nicht sofort bei der Sache, dieses Gespräch hatte Fragen hinterlassen. Doch es war nicht ihre Art, während der Arbeit in unbekanntem Terrain zu sein, hier war ihr Arbeitsplatz, hier musste sie aufmerksam zuhören, auch wenn ein nie gekanntes Feuer in ihrem Leib loderte, welches eindeutig mit dieser Frau zusammenhing. Sie schaute sich noch einmal nach der Frau um, doch diese war wohl tatsächlich ausgestiegen, als der Zug den ersten Haltepunkt erreicht hatte. Eine Woge der Wollust schoss durch ihren Körper hindurch, bis dass sie sich eingestand, dass all das nur Spinnereien waren und sie sich endlich auf ihre Arbeit konzentrieren musste.

Sie rief sich zur Ordnung, denn der nächste Haltepunkt war bereits München, und dort stand sie auch schon: Susanne! Ihre Susanne, die bereits auf sie wartete, die Luftküsse in ihre Richtung warf, die es nicht erwarten konnte, sie in ihren Armen zu halten.

Als Kirsten endlich aussteigen konnte, lief Susanne ihr entgegen, umarmte sie stürmisch und küsste sie, als hätten sie sich Monate nicht gesehen.

»Ich hab dich sooo vermisst«, stieß Susanne seufzend aus, drückte ihren Kopf gegen die Mulde am Hals ihrer Frau, doch Kirsten blieb merkwürdig distanziert.

»Irgendwas passiert?«, fragte Susanne, »du bist so komisch, was ist los?«

»Zu Hause«, antwortete Kirsten, »zu Hause erzähle ich dir etwas, was du sowieso nicht glauben wirst. Ich brauch erst mal eine Dusche, legere Klamotten, erst danach bin ich bereit, dir etwas zu erzählen. Ich habe eine Nacht hinter mir … ich kann dir sagen.«

»Du machst mich neugierig!«, bedeutete Susanne, hakte sich bei ihrer Frau unter. Gemeinsam verließen sie den Bahnhof. Suse schaute zwar immer wieder zu Kirsten, doch die ließ nichts raus. Auch nicht in ihrem Wagen, welchen Susanne auf dem nahe gelegenen Parkplatz abgestellt hatte.

Zu Hause angekommen, nölte Susanne so lange, bis Kirsten seufzend in einen Sessel fiel und Suse erzählte, was ihr widerfahren war. »Nun erzähl doch endlich. Du kannst doch ohnehin keine Geheimnisse für dich behalten!«, hatte Susanne gedrängelt und Kirsten hatte ihren Koffer auf das Bett gehievt und nun erzählte sie Susanne ihre Geschichte. Diese lachte hellauf, als sie hörte, was Kirsten da umtrieb.

»Du hast vermutlich einen über den Durst getrunken, Süße? Dann bist du eingeschlafen und hast von mir und meinem Verlangen nach deinem Körper geträumt. Ich muss leider gestehen, dass die warme Spätsommerluft mich heute Nacht so scharf gemacht hat, dass ich mich selbst befriedigen musste.«

Kirsten grinste. »Du Arme, tut mir echt leid.«

Susanne mimte das traurigste Gesicht der Welt.

»Ja, mach dich ruhig lustig, du warst ja angeblich in eine Liebesaffäre verstrickt, von der du nicht mal mehr weißt, wer dich da so scharf gemacht hat. Aber du weißt schon, dass du in Hamburg warst?«, meinte Suse kichernd und schlang die Arme um Kirsten.

»Wäre das die Realität, ich würde dieser Frau an die Gurgel gehen, wer auch immer sie war …«

Kirsten warf ihre Uniform auf das Bett, lief nackt ins Badezimmer, drehte die Dusche auf, und stieß einen Freudenschrei aus. Endlich lief das Wasser über ihren erhitzten Körper. Was man so alles als Zugbegleiterin erleben musste … Nach dieser Dusche und der bequemen Kleidung, die Kirsten sich überstreifte, fühlte sie sich lässig genug, um Suse zu lieben.

Diese deutete auf ihren Bauch. »Da schwirren Tausende von Schmetterlingen in meinem Bauch herum. Ich würde dich gern die ganze Nacht verwöhnen. Eine Nacht ohne dich ist nichts für mich.« Sie warf Kirsten auf das Bett, kam zu ihr und sie kabbelten sich, warme weiche Zungenküsse folgten und Suse rieb sich an Kirstens wundervoll warmen Körper, berührte ihre Möse. Konnte einfach nicht anders, als sich so zu positionieren, dass sie sich beide aneinander rieben. Sie liefen heiß und Suse musste ein Stöhnen unterdrücken, als sie kam und Kirstens Pupillen sich plötzlich verengten. Sie liebkoste ihre Frau, doch bei der Sache war sie nicht.

»Also«, meinte Suse in energischem Tonfall, »lass es endlich raus. Du musst doch irgendeinen Verdacht haben. Was ist da wirklich passiert in der Wohnung. Menschenskind Kirsten, so habe ich noch nie erlebt. Du stehst ja völlig neben dir!«

Kirsten pustete einmal tief durch.

»Hast du in letzter Zeit schon mal wieder was von deiner Schwester gehört«, meinte Kirsten und sah Susanne fragend an.

Die schluckte, bekam hektische Flecken im Gesicht und fragte irritiert: »Meine Schwester, was hat denn die damit zu tun?«

»Soviel, dass ich glaube, dass sie es war, die heute Nacht bei mir war. Denn sie sagte etwas, was ich nicht vergessen kann: ›Ich bin wieder da‹, oder so ähnlich!«

Susanne wirkte irritiert. »Aber, aber die ist doch in Neuseeland, bereits seit fünfzehn Jahren, hat mich damals einfach im Stich gelassen, als unsere Eltern den Unfall hatten.«

»Eben«, meinte Kirsten, »zwar kannten wir uns damals noch nicht, doch sie scheint mich zu kennen.«

Susanne wusste nichts zu sagen, erstarrte und meinte: »Wenn das stimmen sollte …«

»Tja, das ist die große Frage«, meinte Kirsten, »du hast bestimmt eine Handynummer von ihr.«

Susanne nickte, zeigte sie ihr. Sie verglich sie mit der, welche sie von der Frau bekommen hatte. Wäre ja auch zu schön gewesen, doch die Nummern waren nicht identisch. Okay, diese Frau musste so um die vierzig sein, was passen würde. Doch Kirsten und Susanne wollten sich lieben, waren beide so aufgeheizt von einem Tag, der anders lief als andere Tage und nun redete Kirsten auch noch über Susannes Schwester. Der letzten Person, mit der Susanne in Kontakt treten wollte.

Ihr Verlangen nach Kirsten war riesengroß.

Die beiden lagen sich in den Armen. Diese Berührungen ließen Susanne zusammenzucken. Das Feuer brannte in ihr und ein gieriges Stöhnen entrang sich ihrer Kehle.

»Ich werde dich niemals gehen lassen«, wisperte Susanne und Kirsten strich ihr sanft eine Strähne ihres weichen Haares aus dem Gesicht.

»Ich werde dafür sorgen, dass du dich in der Leitstelle bewirbst. Du wirst nicht jünger, meine Süße. Wie lange willst du diesen Job noch machen?«

Kirsten sah erstaunt auf Susanne.

So hatte sie noch nie mit ihr gesprochen. Und sie hegte die Hoffnung, dass es nur blinde Wut war, die sie dazu veranlasste.

Sie lachte und meinte: »Probier's mal, es ist mein Leben.« Doch dann fielen sie übereinander her, legten sich in die frisch bezogenen Betten, spreizten ihre Beine weit auf und rieben ihre Geschlechter aneinander, als Susanne in Kirstens Brustwarze kniff und dieser Griff war wesentlich intensiver als sonst.

Entweder war Susanne tatsächlich sauer oder gnadenlos erregt. Ihr Körper stand in Flammen, sie hatte das Gefühl, auf einem anderen Planeten gelandet zu sein, als Kirsten sich ihrer gewidmet hatte, und ihre Möse geleckt und ihre Labien gesaugt hatte. Sie spürte die Tigerin in sich, leckte den Schweiß ihrer Frau unter deren Achseln, verzehrte sich so sehr nach ihr, dass sie zu Hause blieben. Nichts war mit Biergarten und anschließendem Eisbachbesuch – sie hatten sich zu viel zu geben, als dass sie Lust darauf gehabt hätten. Die Körperkontakte der beiden waren wie Flügelschläge von Schmetterlingen. Sanft, samtweich und doch maßlos erregend.

Suse wimmerte vor sich hin und wisperte: »Du würdest mich doch niemals verlassen, nicht wahr? Wir haben uns doch ewige Liebe geschworen, auch wenn wir sie nie besiegelt haben!«

»Du redest dummes Zeug«, meinte Kirsten und sah Suse von der Seite an. »Diese Liebe wird niemals enden, das habe ich dir nicht nur einmal gesagt. Damals, als wir unsere Liebe zueinander entdeckten, war es wie ein Feuerball, der mich traf. Diese Narben, die das Leben mir verpasst hatte, waren plötzlich weg. Außerdem hast du verdammt geile Brüste. Auch darauf möchte ich nicht verzichten. Also, halt endlich deinen Mund, okay?«

Suse lachte hellauf, umarmte Kirsten und tanzte mit ihr durch das Häuschen.

»Da ist sie ja wieder, meine geliebte Frau!«

Sie lachte laut und meinte: »Leg dich doch etwas hin; ruh dich aus. Du bist immer noch ziemlich verspannt.«

»Ja, vielleicht sollte ich das tatsächlich tun!«, meinte Kirsten, trank den Rest ihres Milchshakes und gönnte sich ein Milky Way, welches sie seit ihrer Kindheit nicht missen mochte.

Als Kirsten ins Schlafzimmer gegangen und tatsächlich eingeschlafen war, griff Susanne zum Festnetztelefon, setzte sich im Schneidersitz auf die Couch und wählte eine ihr nur allzu bekannte Nummer in Neuseeland.

Da waren fremde Stimmen, die behaupteten, eine Ramona Rose lebe schon seit Monaten nicht mehr hier, sie habe alles verkauft, um wieder in Deutschland zu leben! Wer sie denn überhaupt wäre?

Susanne entschuldigte sich und sagte, sie sei Ramonas Schwester und würde gern die aktuelle Handynummer wissen; ob die Nachmieter diese vielleicht für Sie hätten.

Die Frau gab sie ihr. Weitere Fragen beantwortete sie nicht.

»Das müssen Sie Ihre Schwester selbst fragen, wenn Sie denn ihre Schwester sind, junge Frau!«

Ramona war also tatsächlich in Deutschland.

Jetzt wurde Susanne einiges klar. Fünfzehn Jahre verändern einen Menschen. Ramona konnte sehr wohl von Kirsten wissen; vielleicht hatte sie versucht, Susanne zu kontaktieren, was ihr letztlich vielleicht zu mühselig schien. Dann doch lieber die

Frau verführen, und endlich das Geld kassieren, welches ihr zustand. Ihren Pflichtanteil aus dem Verkauf des Hauses, auf dem Susanne seit Jahren saß. Sie hatte das »eingefroren«, weil ihre Schwester zu nichts taugte. Bis heute hatte sie Ramona keinen Cent ihres Erbes ausgezahlt, weil sie alles in Alkohol und Drogen umsetzte.

DROGEN.

Das war es. Offensichtlich hatte sie Kirsten mit irgendwelchen Tropfen gefügig gemacht, und danach … natürlich! Für Kirsten war all das ein Traum, doch für Ramona sicherlich nicht. Susanne hatte sie damit treffen wollen, ihr eins auswischen, endlich das Geld kassieren, was ihr zustand.

Ramona, das schwarze Schaf der Familie …

Sie wählte die neue Nummer, welche man ihr gegeben hatte, und tatsächlich – ihre Schwester meldete sich.

Susanne fragte, ob sie in Deutschland wäre und was sie hier suche und Ramona antwortete: »Ja, was denkst du denn? Fünfzehn Jahre hockst du auf meiner Kohle. Meinen Pflichtanteil aus dem Verkauf des Hauses will ich. Er steht mir zu, und das weißt du auch.«

»Und warum ziehst du Kirsten damit hinein?«, fragte Susanne, »ich kann mich nicht erinnern, dass ich vor fünfzehn Jahren schon engeren Kontakt zu meiner jetzigen Frau hatte.«

»Auch in Neuseeland gibt es Internet, stell dir mal vor. Und da ihr bei Instagram sehr aktiv seid, war es ein Leichtes euch ausfindig zu machen. Pomadige Provinz übrigens, wo ihr da haust!«

Susanne verstand es einfach nicht. Was für ein Luder.

»Hättest eben hierbleiben sollen«, maßregelte sie ihre Schwester hart, »weglaufen bringt auf die Dauer nichts. Hast du denn eine Lösung parat? Aber bei dir funktioniert scheinbar alles nur über Erpressung?«

»Gib mir das Geld und ich verschwinde aus eurem Leben. Ich wollte dir nur aufzeigen, dass ich dir diese Kirsten jederzeit wegnehmen kann. Jederzeit – verstehst du?!«

»Quatsch«, meinte Susanne, »du hast sie mit deinen Drogen betäubt. Ansonsten wäre sie doch aufgewacht, ich kenne doch meine Frau. Sie hat einen ausgesprochen leichten Schlaf!«

»Sei's drum. Mir hat es jedenfalls irren Spaß gemacht, ihre Möse zu lecken, an ihren Nippeln zu knabbern und ihr den Hintern zu versohlen. Es war sehr amüsant.«

Suse bekam Schnappatmung.

»Du widerwärtiges Stück«, schrie sie, »hast dich nicht einen Zoll verändert. Nur Ärger machst du, nur Ärger. Als Vater und Mutter bei dem Verkehrsunfall starben, hattest du ja nichts Besseres zu tun, als abzuhauen. Mich mit dem ganzen Kram hängenzulassen. Es bringt nichts, immer abzuhauen, Schwesterherz. Man muss sich auch mal seinen Aufgaben stellen. Du bist doch wirklich … ich finde keine Worte für dich.«

»Musst du auch nicht«, kam eine spöttische Stimme aus dem Hörer, »ich will weder was von dir, außer die Kohle natürlich, auf der du bereits fünfzehn Jahre lang sitzt, noch etwas von deiner Frau, noch werde ich München oder dieses Kuhkaff, in welchem ihr wohnt, betreten. Ich gebe dir meine Kontonummer und damit ist die Familie Rose für mich endgültig Vergangenheit. Ich ziehe weiter. Neuseeland hat mich träge gemacht. Ich brauch mal wieder eine Abwechslung.«

Die beiden Schwestern waren so in ihr Gespräch verstrickt, dass sie nicht mitbekamen, wie Kirsten plötzlich in der Tür stand, leichenblass wurde und gerade noch mitbekam, wie Susanne sagte: »Verdammt, dann gib mir deine Kontonummer, damit ich dir das Geld auszahlen kann. Ich will nie wieder was von dir hören und sehen.«

»Also doch«, meinte Kirsten verdattert. »Hatte ich also doch nicht so unrecht. Wie passe ich in diese Familiengeschichte hinein?!«

»Eifersucht«, meinte Suse, »sie wollte mich eifersüchtig machen, was ihr auch gelungen ist. Sie hat rausgefunden, wo wir wohnen, was wir tun – Instagram und Co. lassen grüßen. Ich werde jedenfalls alle meine Accounts löschen, das garantiere ich dir. Wer denkt an so etwas? Ich jedenfalls nicht, doch meine Schwester ist nicht dumm, sie ist nur maßlos. Ich werde ihr den Pflichtanteil jetzt auszahlen, was bleibt, ist der Schmerz, den ich zu verarbeiten habe. Dieses Luder kommt auf Ideen … ein Ärgernis, welches die Welt nicht braucht.«

Kirsten brauchte ein halbes Jahr, ehe sie all das verarbeitete, was da ans Tageslicht kam. Die Schwester, Susanne selbst. Sie begab sich in Behandlung, ließ sich in den Innendienst versetzen; nie wieder sollte sie eine Bahnfahrt buchen. Alles hatten die beiden Liebenden verkauft. Jetzt wohnten sie in der Nähe von Berlin in einem kleinen Ort, an dem sie sich etwas Neues aufbauen wollten.

Ein zweites Leben, eine zweite Chance. Sie hofften darauf, dass Ruhe in ihr Leben kam.

Macht euch nackt: Das lesbische Bootcamp

Dieser Tag war nicht der ihrige.

Lustlos surfte Lisa im Internet, hatte mal wieder einen ihrer launischen Tage und wollte sich einfach nur ablenken. Voller Gleichgültigkeit klickte sie sich durch die Seiten des Internets, bestellte hier eine Jeans, dort eine Jacke, um alles anschließend wieder zu stornieren. Eigentlich brauchte sie doch gar nichts.

Carmen, Kris und Gundi, ihre drei Mitbewohnerinnen waren nach Hannover auf eine Ausstellung gefahren, wozu

Lisa null Bock hatte. Nun saß sie auf ihrem Bett, hatte die Fenster geschlossen und die Rollläden heruntergezogen, obwohl draußen das erste Mal seit Wochen die Sonne schien.

Doch plötzlich setzte sie sich senkrecht im Bett auf, da hatte doch tatsächlich etwas ihr ernsthaftes Interesse geweckt.

Es war eine Seite für Wanderer und Outdoor-Fans im Allgemeinen, und sie zählte sich dazu. Mit Begeisterung ging sie an den Wochenenden wandern und entsprechend interessiert las sie die Artikel durch, fand die Beiträge durchaus lesenswert und stieß dann auf eine Anzeige, die da lautete:

Kommt mit in unser Bootcamp an der Schlei. Wir bieten euch in einer der schönsten Gegenden Deutschlands ein Motivationstraining, welches euer Selbstbewusstsein, euer Selbstvertrauen und euren Mut erstarken lässt. Findet euren Weg, eure gesetzten Ziele sind wichtig.

Das Angebot richtet sich an unsere weibliche Leserschaft. Wir wollen gemeinsam campen, Kanu fahren, Stand-up-Paddeln erlernen und ein wenig auf der Schlei rudern. Von Donnerstag bis Sonntag sollt ihr den Alltag vergessen und euch einfach fallen lassen. Alles Weitere erfahrt ihr unter folgender Handynummer …

Beeilt euch, die Plätze sind auf sechs Frauen begrenzt.

Am liebsten hätte Lisa sofort gebucht, doch dann besann sie sich, kopierte die Anzeige und sandte sie Carmen aufs Handy. Die Antwort kam prompt: *SOFORT SICHERN!* stand da in Großbuchstaben, und Lisa drückte auf den roten Button. Reservierte für die vier Mädels, welche in einem wunderschönen alten Haus in der Lüneburger Heide wohnten. Hier hatten sie ihre Ruhe und fühlten sich pudelwohl.

Lisa knabberte an ihren Fingernägeln und war ganz aufgeregt, als sie den Mädels erzählte, wie sie darauf gestoßen war.

»Wenn wir schon mal nicht da sind?«, meinte Carmen, die mit der Clique nach Hannover zu einer Ausstellung gefahren war. »Aber du warst ja fix bei der Sache. «

Lisa hatte den Tisch gedeckt und alle fielen über die Gnocchi her.

»Oh wie lecker«, meinte Carmen und langte ordentlich zu. Vernehmlich knurrte ihr Magen – weil sie in Hannover nichts gegessen hatten, waren die vier Frauen entsprechend hungrig. »Warum bist du eigentlich nicht mitgekommen?«, fragte Carmen ihre Mitbewohnerin. »War echt klasse!«

»Ach, ich hatte mal wieder meinen Moralischen, und ansonsten wäre uns vielleicht dieses Angebot entgangen«, meinte Lisa – sie hatte einfach keinen Bock auf Hannover.

Carmen nickte. »Achso, okay. Also, hast du schon die Unterlagen, was kostet der Spaß, wann geht es los und was müssen wir mitbringen?«

Lisa erzählte es der Reihe nach und Carmen sagte: »Ja, hast du denn nun schon überwiesen, sind die Unterlagen denn schon da?«

»Vorhin gekommen! Kostet dreihundertfünfzig Euro pro Nase, Verpflegung anbei. Wir sollten uns beeilen, da wir schon zu viert sind, und das Camp für sechs Personen ausgelegt ist …«

»Ja, worauf wartest du denn noch«, meinte Carmen, »dann gib mal alles her, ich überweise das von meinem Konto und ihr könnt es ja aufteilen.« Dann schaute sie sich die Seite an und sagte: »Die Schlei. Tolle Gegend. War früher oft mit meinen Eltern dort.«

Sie las das Exposé und studierte alles sehr gewissenhaft, fand weder Haken noch Ösen und freute sich schon jetzt auf die fast vier Tage Ostsee. Ein Bootcamp an der Schlei, super!

Lisa, welche von der Damenriege die meiste Outdoor-Erfahrung besaß, wurde ins Gebet genommen und gefragt, was man so alles mitnehmen müsste. Es war nicht wirklich viel.

Badeanzug, Sachen zum Schnorcheln, Wanderstiefel – sollte eine Tour geplant sein – und natürlich für jeden ein Zelt, sie alle hatten die Wurfzelte, weil das die einfachste Aufbaumethode war. Lisa hatte letztens erst ihren Bootsführerschein für Binnenseen gemacht, und schlief ohnehin am liebsten draußen. Die Stille der Nacht, der Gesang der Nachtigall, all das sprach sie an und jetzt waren die letzten warmen Tage im August angebrochen. Es wurde viel geredet, viel diskutiert und sie saßen nun vor dem Haus, tranken Aperol und lachten, weil sie sich so unglaublich auf den Donnerstag freuten. Sie waren gespannt auf das Programm, was man ihnen zu bieten hatte und außerdem war es natürlich wunderbar, sich nicht ums Essen zu kümmern, denn all das war ja im Preis bereits enthalten.

Als Kris zu gähnen begann, gingen alle ins Bett, um am nächsten Morgen zeitig aufzustehen, um noch das eine oder andere Teil zu besorgen. Zuerst genoss man einen starken Kaffee, die Brötchen wurden aufgebacken, es gab leckere Marmelade, Wurst und Käse, und als sich alle gestärkt hatten, fuhr man in die nächstgelegene Stadt und kaufte in einem gut sortierten Outdoor-Laden ein.

Die eine brauchte einen neuen Badeanzug, Lisa entschied sich für eine Luftmatratze, Kris musste unbedingt ein Paar Wanderschuhe haben und Gundi entschied sich für ein Paar Schwimmflossen, da sie gern tauchen wollte. Immerhin war es ja ein Bootcamp, und sie ging einfach davon aus, dass so einiges geboten wurde.

Am Mittwoch trafen die Papiere ein, und der Donnerstag kam natürlich wieder mal schneller als gedacht. Man würde sich in Schönhagen an der Kurverwaltung treffen und von dort aus auf einem kleinen Campingplatz die vier Tage Motivationstraining abzuhalten, was dazu dienen sollte, dass die Frauen Selbstliebe, Selbstvertrauen und Selbstbewusstsein neu erlernen sollten, denn oftmals waren diese ausschlaggebenden Punkte zum Glücklichsein gar nicht mehr vorhanden.

Carmen wollte noch schnell ihre Fotokamera holen gehen, doch Lisa schlug auf den Tisch: »Mädels, wir müssen dann los. Ich habe keine Lust auf einen Stau vor dem Elbtunnel, und auch keine Lust weiterhin im Stau zu stehen. Also lasst uns früh losfahren.«

Sie fuhren zwar früh los, doch der Elbtunnel war trotzdem schon dicht, erst in Eckernförde, als sie die Autobahn verließen, wurde es ruhiger und man konnte die Landschaft genießen.

Die Schlei war schon sehr lange eine Ferienregion, Schönhagen ein bekannter Urlaubsort, doch eher für die mittlere Generation ein Begriff. Also setzten sich die vier auf die Treppe der Kurverwaltung und warteten darauf, dass sie abgeholt würden.

Eine Frau kam auf sie zu, die sich als Betty Wiesner vorstellte, und ihr Guide sein würde. Sie wollte noch auf zwei Mädels warten, die aber gleich eintreffen müssten. Kaum ausgesprochen, bog ein Fiat 500 um die Ecke und Trixi Merz und ihre Freundin Tessa von Schlowitz stiegen aus und schlossen sich der Gruppe an.

Sofort war man sich sympathisch und Betty erklärte ihnen den Weg zum Bootcamp. Sie würden einen privaten Campingplatz wählen, die Steilküste läge in unmittelbarer Nähe, aber auch die Ostsee, und die Mädels hörten der Frau eigentlich gar nicht wirklich zu, sie genossen den Blick auf die See und schauten sich an, taxierten sich, waren sich sympathisch und freuten sich auf die Tage in Schönhagen.

Bei einem kleinen Rundgang durch den Ort würde man später einen Bäcker ausfindig machen, einen kleinen Edeka-Laden sowie eine Bank – alles, was der Mensch zum Überleben brauchte.

Der Campingplatz war gut gewählt. Er lag fast an einem kleinen Wäldchen, von wo aus man aber die Ostsee sehen konnte. Das Bootcamp entwickelte sich schon jetzt als echtes Abenteuer. Nachdem die Zelte aufgebaut waren, setzte man sich gemütlich zusammen, stellte sich vor und eine weitere Kraft trat dazu; die Psychologin, die mit den Frauen den Workshop abhielt und Tipps gab, was man verändern konnte, damit es einem wieder gut ging.

Der Fokus wurde auf die Wasseraktivitäten gelegt; hier hatte man die Wahl zwischen Segeln, Stand-up-Paddeln, Kajak fahren und sogar Wasserskifahren, was beispielsweise Trixi sofort auf den Plan rief.

Betty erklärte den Frauen die Spielregeln; Männer durften das Camp nicht betreten, es wäre als reines Frauencamp deklariert, man aß und trank zusammen, der Tag würde um 8 Uhr morgens beginnen, danach folgten Yoga-Übungen, die im Wechsel mit Qigong angeboten wurden, sie dienten dazu, das Gedankenkarussell zum Stillstand zu bringen.

Mittagessen gab es gegen 13 Uhr, und danach ging es bis zum Abend ans Wasser, wo man die verschiedenen Wassersportarten ausprobieren und natürlich das tun konnte, was man wollte.

Die Psychologin schaltete sich kurz ein und verkündete, dass am Abend stets Gespräche stattfanden, wie eine jede von ihnen den Tag genossen habe, und so würde der Tag, da war man sich sicher, sehr schnell vergehen. Klare Grenzen gesteckt zu bekommen, fanden alle sechs Frauen gut.

Als sie zu späterer Zeit einen Spaziergang den Strand entlang unternahmen, wurde den Mädels klar, wie gut sie es getroffen hatten. So klein der Ort war, so schön war er. Auf dem Meer sah man weit draußen Schiffe fahren, die vermutlich Fische fingen. Auf der anderen Seite lag eine große Bettenburg der Siebzigerjahre, doch das störte sie wenig, weil sich dazwischen

Eiderenten und Gänse ihr Refugium eingerichtet hatten, sodass man seinen Blick eher auf diese fokussierte, denn auf die Bettenburg.

Kleine Einkaufsläden luden zum Bummeln ein; man war sich relativ sicher, dass die Tage schneller vergehen würden, als den Teilnehmerinnen lieb sein konnte.

Sie staunten über den pittoresken Ort und die Schönheiten, die er ihnen bot.

Der nächste Tag begann früh, und Trixi hatte Rückenschmerzen, Kris eine Spinne im Haar und alle hatten irgendwie nicht besonders gut geschlafen. Noch vor dem Frühstück bat die Psychologin die Teilnehmerinnen, ihre Kleidung auszuziehen und sich nackt zu präsentieren. Man sollte keine Geheimnisse haben und sich ruhig berühren oder sich küssen. Einige der Frauen wirkten etwas verschämt, doch die meisten streiften sich die Kleider vom Leib. Da es bereits sehr warm war, war es nicht unangenehm, den Wind auf der nackten Haut zu spüren und von den Kursteilnehmerinnen angefasst und geliebkost zu werden.

Es war ein allgemeines Staunen in der kleinen Gruppe, da sie damit nicht gerechnet hatten, und als sie sich zum Frühstück niederließen, wurde sich auch nicht wieder angezogen, im Gegenteil, sie saßen in einem Kreis, wo jeder seine Vagina präsentierte. Das Frühstück war sehr appetitlich angerichtet, doch die Frauen hatten ihre Probleme mit ihrer eigenen Nacktheit.

Die Psychologin beobachtete dies gespannt und lieferte dann die Erklärung: »Ich habe euch alle gebeten, nackt zu sein, weil wir nackt auf die Welt gekommen sind und diese auch so wieder verlassen werden. Also, warum sollten wir Angst davor haben, uns zwischenzeitlich nicht ebenfalls nackt dem anderen zu zeigen. Wir sind alle gleich, der eine ist mollig, der andere vielleicht etwas schlanker. Doch das meine ich nicht. Ich meine, wir sollten alle viel mehr im Einklang mit der Natur leben und uns nicht so viel in Schale schmeißen.«

Die Frauen nickten und betasteten sich, schauten sich gierig in die Augen, einige wisperte sich etwas zu, manch eine fühlte die Brust der anderen und küsste diese; die Psychologin sah gespannt zu, machte sich Notizen und würde dieses Experiment mit Sicherheit heute Abend ansprechen. Trixi hatte überhaupt keine Probleme mit ihrer Nacktheit, Gundi wirkte dagegen sehr angespannt. Die Psychologin riet ihr dazu, die Augen zu schließen und sich vorzustellen, dass niemand außer sie selbst da wäre. Das klappte schon besser, dann wurde ein Kreis gebildet und die Psychologin sagte: »Würde man sich selbst lieben, wäre es völlig egal, welchen Partner oder welche Partnerin man hat. Selbstliebe ist das einzig Wichtige im Leben von Paaren, die meinen, dass die Liebe aufgebraucht sei.«

Einige der Frauen nickten, andere huschten ins Gebüsch, weil sie andere Bedürfnisse plagten, wieder andere hingen ihren Gedanken nach. Fanden es spannend, was die Psychologin erzählte und als es nach dem Mittagessen dann endlich an die Ostsee ging, war ohnehin schon wieder alles in weite Ferne gerückt.

Das Bootcamp entpuppte sich tatsächlich als solches. Es standen Paddelboote bereit, Surflehrer waren vor Ort, um den Frauen die ersten Gehversuche zu vermitteln, natürlich wurde auch das Stand-up-Paddeln angeboten, doch wenn Lisa gedacht haben sollte, sich sofort darauf einzulassen, sah ihr Lehrer das völlig anders. Zuerst wurde sich auf das Board gesetzt und langsam damit begonnen, die Balance zu halten, dann erst, etwa eine halbe Stunde später, konnte Lisa versuchen aufzustehen, und sie merkte schnell, dass das alles nicht so einfach war. Aber es machte ihr einen Riesenspaß und auch Gundi und Kris, die sich für einen Segeltörn entschieden hatten, wo sie mit zufassen mussten, waren begeistert, als sie wieder anlandeten. Alles in allem war der erste Tag für alle sehr gelungen und sie alle waren redlich müde.

Im Camp selbst hatte man das Abendbrot bereits gerichtet, es gab kalte Speisen, weil es einfach praktischer war, und die Mädels hatten solch großen Hunger, dass sie vermutlich alles essen würden. Man kicherte, erzählte sich, was man noch falsch gemacht hatte, oder eben, was man entsprechend richtig aufgegriffen hatte.

Die Kanufahrerinnen hatten sich wohl besonders gut gemacht, und Lisa würde morgen auch diesen Sport einmal erproben; schließlich war man in das Bootcamp gekommen, um sich auszuprobieren.

Nach dem Abendessen trat die Psychologin vor, und begann mit dem Motivationstraining; die Gruppe möge doch bitte erzählen, wie es für sie gewesen war, was sie erlebt hatten, was gut und nicht so gut gelaufen war.

Sie alle plapperten durcheinander, bis die Psychologin die Hand hob und bat: »Bitte eine nach der anderen. Es kommt jede dran!«

Man sprach über die Dinge, die gut gelaufen waren, manche hatten Bekanntschaft mit der Ostsee gemacht und waren ins Wasser gefallen, wieder anderen hatte es so gut gefallen, dass sie auf jeden Fall zu Hause diesen Sport weiterbetreiben würden.

Die Psychologin freute sich über die offene Gesprächsrunde und sie bat die Kursteilnehmerinnen einmal die Augen zu schließen und den Tag Revue passieren zu lassen. Was hatte der Gruppe gefehlt, was sie am nächsten Tag anders machen würden, war überhaupt eine Veränderung vonnöten? Wie fühlte es sich für die Frauen an, auf sich selbst gestellt zu sein, Entscheidungen zu treffen?

Einige von ihnen mussten passen, sie hatten sich noch nie solche Fragen gestellt. Entsprechend fielen ihnen keine Antworten ein. Andere kannten diese Befragungen schon und man diskutierte über allgemeine Motivation, wie man sie erzielen konnte und was das Ziel dieses Bootcamps sein könnte. Die Frauen bildeten Schlüsselsätze, womit man arbeiten konnte, und die Psychologin machte sich immer wieder Notizen, offenbar hatte sie selten eine so offene Gruppe.

Man war sich zumindest einig, dass diese Unterredung jeden Abend stattfinden und vielleicht um die Mittagszeit noch eine Bestandsaufnahme folgen sollte; diese Frauen waren neugierig, sie wollten etwas mitnehmen aus dem Bootcamp, das spürte die Psychologin genau, und sie war gern bereit, eine weitere Stunde einzuplanen. Sie sagte zu Betty, dass sie mit dieser Gruppe mehr als zufrieden war, und dann verbeugten sich alle vor der untergehenden Sonne, begrüßten den Mond, der prall und rund aufging, während die Sonne glutrot im Meer versank.

Es war eine sehr besondere Stimmung, und Trixi blieb noch eine Weile vor ihrem Zelt hocken, als sich die anderen bereits in dieselben verkrochen hatten, redlich erschöpft von dem anstrengenden Tag auf dem Wasser.

Nur Lisa war auch noch wach, sie konnte einfach nicht in den Schlaf finden, und Trixi kam zu ihr. »Na, quälen dich irgendwelche Sorgen? Du siehst ja nicht gerade glücklich aus …«, meinte sie und Lisa schüttelte den Kopf.

»Alles gut, habe nur gerade über etwas nachgedacht.«

»Lust auf einen Nachtspaziergang?«, meinte Trixi, marschierte aber schon los, und Lisa beeilte sich, hinterherzukommen.

Sie gingen zur Abbruchkante, wo die Steilküste begann, doch in der Dunkelheit liefen sie den schmalen Pfad nicht. Stattdessen setzten sie sich hin, genossen das schimmernde

Licht der nächtlichen See und Trixi umfasste Lisa.

»Würdest du mit einer Frau schlafen?«, fragte sie so platt, dass sie sich hinterher fragte, ob sie noch ganz bei Trost gewesen war.

»Natürlich«, meinte Lisa, »zum einen schlafe ich gern mit Frauen, zum anderen fühle ich mich sehr zu dir hingezogen, solltest du darauf aus sein.«

Trixi grinste.

»Na ja, ich wollte erst mal vorfühlen!« Lisa lachte und küsste die junge Frau, strich über Trixis Brüste, was die junge Frau sehr erregte und schloss mit einem sanften Kuss die kurze Episode ab.

»Jetzt bin ich doch müde und würde gern in mein Zelt gehen«, meinte Lisa und Trixi nickte. »Ich hab da etwas, was ich dir morgen Abend gern einmal zeigen möchte«, sagte Trixi geheimnisvoll und ging mit Lisa.

***

Am nächsten Morgen waren alle leicht verkatert. Die viele frische Luft, der Yoga-Kurs, all das war neu und anstrengend und so schliefen etliche Frauen bei den Entspannungsübungen ein, sodass die anderen sie anstoßen mussten. So entspannt hatte man sich sehr lange nicht gefühlt. Man widmete sich dem opulenten Frühstück und Lisa und Carmen wisperten sich etwas zu, was die anderen nicht verstanden.

Es gab Dinkelbrot, Joghurt, leckere Brötchen. Danach wurde der Tisch gemeinsam abgeräumt, es wurde abgewaschen und dann teilte man sich in Gruppen auf.

Zwei Frauen wollten gern Segeln gehen, Lisa versuchte sich heute mal im Surfen und Gundi und Trixi entschlossen sich, einmal das Kite-Surfen auszuprobieren. Passieren konnte hier tatsächlich relativ wenig. Tessa wollte lieber im Camp bleiben und meditieren, auch das war natürlich möglich.

Motivation konnte so oder so aussehen, und wenn jemand

lieber allein mit seinen Gedanken sein wollte, wurde das bedingungslos akzeptiert. Alles in allem hatten die Kursteilnehmerinnen sehr viele Freiheiten und den Samstag konnten sie frei gestalten. Zwischen Lisa und Trixi begann es gewaltig zu knistern. Nicht nur, weil sie dieselben Interessen hatten, da war viel mehr, was sie noch nicht einordnen konnten.

Das Mittagessen fiel heute aus, dafür gab es Fischbrötchen, weil man heute den ganzen Tag am Wasser sein wollte, und es sich herausgestellt hatte, dass eine Unterbrechung nicht förderlich für den Flow war. Also gab man sich mit Fischbrötchen zufrieden, viele aßen gar nicht. Die beiden Seglerinnen waren so glücklich, dass sie endlich einmal auf der Ostsee segeln durften, und auch Lisa und Trixi genossen ihr Ausprobieren im Kit-Surfen. Sie alle kamen zu ihrem Recht und jede konnte sich verwirklichen. Das war der Grundgedanke dieses Bootcamps, in dem alle Frauen, wie sich allmählich herausstellte, mehr auf Frauen standen als auf Männer. Trixi näherte sie Lisa bereits wieder und sagte: »Ich wollte dir doch etwas zeigen. Noch Interesse?«

Lisa nickte, da sagte Trixi: »Dann komm so gegen zwanzig Uhr dreißig zu mir, ich habe da ein echtes Geheimnis entdeckt.« Sie tat so geheimnisvoll, dass Lisa ganz aufgeregt war, doch es war nur ein altes verwittertes Boot, zu welchem Trixi sie führte. Dieses Boot bewegte sich lässig im Wind, ein Steg führte an Bord und Trixi grinste: »Na, klingelt etwas? Das ist doch echt ein ideales Liebesnest. Hier würde uns niemand vermuten, was denkst du?«

Lisa grinste verwegen. »Ich würde sagen, dann lass uns mal loslegen. Ich bin nämlich schon einige Zeit ziemlich scharf auf dich.«

Ihr bedeutungsvolles Lächeln und der zarte Kuss, welchen sie auf Trixis Wange hauchte, ließ Trixi leise aufstöhnen und nur langsam kam sie auf Lisa zugekrochen und meinte: »Und du willst es wirklich?«

»Hmh«, meinte Lisa, »ich habe es zwar noch nicht so oft mit einer Frau getrieben, doch du hast so wunderbar weiche Haut; ich würde gern deine Brüste in meine Hände nehmen. Sie sind ziemlich groß!«

Trixi lachte. »Ja, bei dieser Vergabe habe ich zweimal HIER geschrien, aber bitte, bedien dich.« Ihre Arme legte sie hinter ihren Nacken, sodass Lisa ihre Brüste streicheln konnte. Wenn sie mochte, konnte sie an den Nippeln saugen und Lisa sagte nur ein Wort: »Wow!«, dann sog sie scharf die Luft ein und meinte: »Du hast da etwas, was dich unglaublich stolz machen sollte.«

Trixi sah das zwar etwas anders, doch sie lächelte dabei. »Manchmal stören sie mich einfach, dann wieder bin ich sehr stolz auf diese Pracht, die ich vorzuweisen habe. Ich bin eben ganz Frau, während andere sich ihre Brüste verkleinern lassen, stehe ich dazu, und bis zum heutigen Tag hat mich noch keine Frau aus ihrem Bett gestoßen.«

Sie lachte hellauf und Lisa streckte ihre Fühler aus, küsste Trixi sanft auf den Mund, knabberte an ihrer Unterlippe und fuhr mit dem Zeigefinger Trixis Körper hinab. Ihre Möse puckerte dabei ziemlich heftig und sie musste sich zusammenreißen, um Trixi nicht schon zu verführen. Scharf wie eine Rasierklinge war ihre Möse und Trixi, so ihr Eindruck, war auch mächtig unter Druck, sich mit feuchten Zungenschlägen endlich in ihr Himmelreich vorzuarbeiten.

Trixi führte Lisa zu einem kleinen Tisch, bat sie, auf diesen zu klettern und ihre Beine weit zu spreizen, sodass Trixi besser an ihrer Liebesmuschel lecken konnte. Lisa schob sich schnell noch ein kleines Kissen in den Rücken, der Tisch war nicht gerade der bequemste, aber immerhin brauchten sie nicht auf dem Boden zu liegen, denn das kleine Boot schaukelte doch öfter mal hin und her.

Trixis hatten einen Zungenschlag, der mehr als extrem war, sie eroberte rasch Lisas warme, feuchte Spalte. Sie leckte sie aus und nahm gelegentlich den kleinen, rosigen Kitzler zwischen ihre Lippen.

»Du hast eine wunderschöne Möse«, wisperte Trixi. »Dazu eine sehr durchtrainierte Figur, mich macht so etwas immer an.« Sie legte ihren Finger auf ihre Lippen, denn sie hatte ein Geräusch gehört, und auf Deck bewegte sich nun auch etwas.

Es war Carmen, die ebenfalls nicht schlafen konnte, und die Gegend erkunden wollte, auf dem veralteten Boot jedoch Geräusche vernommen hatte; nun fragte sie, ob sie vielleicht mitspielen dürfe, und Trixi stöhnte leise: »Mensch, du hast uns echt erschreckt. Klar doch, komm nur rein. Ist dir auch niemand gefolgt?«

Carmen schüttelte den Kopf. »Nein, ich bin allein.«

»Nicht, dass wir hier gleich das Bootcamp um uns herum haben«, meinte Trixi, »so hatte ich das eigentlich nicht gesehen.« Lisa, die mit weit geöffneten Beinen auf dem Tisch lag, ruhte sich offenbar von einem Orgasmus aus, welchen Trixi ihr geschenkt hatte. Sie lag ganz ruhig da und Carmen dachte, dass es doch merkwürdig sei, dass sie Lisa noch nie nackt gesehen hatte, außer bei dieser Veranstaltung. Dabei wohnten sie schon neun Monate unter einem Dach.

Trixi fuhr fort, Lisa zu verwöhnen, und Carmen fing ebenfalls an, Trixi zu verwöhnen. Fuhr genüsslich über ihre Pfirsichhälften hinweg, während Lisas Brüste Trixis Hände zu spüren bekamen. Sie knipste an ihren Brüsten, sodass diese sich röteten, und Carmen zog Trixi zu sich heran. Ihren Hintern zu streicheln und fest zu kneten, während sie Lisa befriedigte, war für Carmen eine völlig neue Erfahrung, die sie jedoch sehr genoss.

»Mein Gott, zwei Frauen … was ich doch für ein Glück habe«, sinnierte sie und zog sich ebenfalls aus. Trixi wisperte Lisa zu: »Du, deine Carmen war aber schon vorher geil, die ist nicht erst seit diesen paar Minuten feucht.« Lisa grinste wissend.

»Sie befriedigt sich oft selbst, weil sie so schüchtern ist. Vielleicht hat sie das zuvor getan. Unsere Carmen tut immer so, als könne sie kein Wässerchen trüben, dabei ist sie eine ziemlich süße Schnecke!«

»Ja, nun«, meinte Carmen verhalten und grinste verwegen. »Ich möchte nicht eure Finger in meinem Hintern haben und auch nicht in irgendeiner anderen Vertiefung außer meiner Möse. Lisa, du könntest doch eigentlich meine Möse lecken, während Trixi sich deinem Hintern widmet. Du magst es doch, wenn man dir Finger in deinen Po schiebt!«

»Soso«, meinte Trixi verwegen, »das ist ja das Neueste, was ich höre. Lisa, hockst du dich mal bitte hin, ich möchte das mal überprüfen.«

Diese kicherte und hockte sich auf den Tisch, lachte dabei und als Trixi ihr einige Finger in den Po steckte, säuselte sie: »Mehr, mehr … ich brauche einfach mehr.« Das musste man Trixi nicht zweimal sagen. Jetzt war sie die Geilheit in Person und Lisa stöhnte erregt auf. Die Finger Trixis bewegten sich nur millimeterweise, doch sie kamen voran und sie hatte ihren Blick auf Carmen gerichtet, die sich erneut damit begann, Trixi anzufassen. Es kribbelte in ihrem Körper wie tausend Ameisen, die dunkle Seite Lisas machte Trixi an, und die Atmosphäre schien fast zu explodieren. Die drei Frauen spielten miteinander, Carmen leckte wie wild Lisas Möse, währenddessen sich Trixi selbst befriedigte. Danach stieß sie Carmen spielerisch von Lisa weg, die sich daraufhin an die Tischkante stellte und sich auf dem Holz ihre Möse rieb.

»So macht man das, Leute!«, sagte sie und Trixi und Lisa waren baff, denn es erregte die Frauen über die Maßen. Die Hitze um Trixis Brustwarzen herum ließ sie regelrecht zusammenzucken, denn sie hatte natürlich einiges zu tragen. Sie ließ sich jedoch nicht viel anmerken, als sie ihre Brüste herunterhängen ließ und Carmen sie auffing und daran zu saugen begann. Wer hätte gedacht, dass Carmen so ein kleines Luder war?

Lisa probierte die extravagante Stellung mit der Tischkante aus, musste sich eingestehen, dass es total geil für sie war und sie zu einem überwältigenden Orgasmus kam. Ihre Emotionen fuhren Achterbahn, das kleine Schiff schaukelte beachtlich, doch keiner der Frauen machte das etwas aus.

Sie waren Küstenkinder, mit den Eltern früh an die Nord- oder Ostsee gefahren und Kris und Gundi kannten sich sogar im Hochseeangeln aus.

Dennoch wurde diese Nacht zu einer ganz besonderen. Lisa spreizte die Beine ihrer Mitbewohnerin, legte sich das linke Bein auf ihre Schulter und sie stöhnte, als sie dieses Bild genoss. Carmens Scheide lag angeschwollen vor ihr, ihre Finger spielten die Klaviatur der Liebe und sie leckte über den kleinen Knubbel hinweg, den sie zu saugen begann. Carmens eigene Erregung wurde immer massiver und als sie sich einer Klimax geschlagen geben musste, zitterte sie am ganzen Körper, wälzte sich auf dem Tisch herum, und wäre beinahe heruntergefallen. Solche Emotionen waren fremd für die junge Frau und Lisa lächelte leicht.

Trixi beobachtete all das mit einiger Erregung, sie hätte Lisa allzu gern für sich allein gehabt, konnte allerdings schlecht Nein sagen. Immerhin waren die beiden Frauen in einer Wohngemeinschaft.

»Los, dreh dich mal um«, wisperte Trixi und zeigte Carmen,

was sie wollte. Der pralle Hintern der etwas verschüchterten Carmen hatte es ihr angetan, und sie kümmerte sich jetzt auch nicht darum, dass diese laut aufstöhnte, als Trixi zwei Finger in ihr dunkles Loch einfließen ließ – nein, Carmen war bereit für Sex, das fühlte sie ganz genau. Und als Lisa über Carmens Gesicht strich, sie sanft küsste und Trixi ihren Po dehnte, da fiel es ihr schwer, die Augen offenzuhalten, weil sie meinte, zu vergehen vor Lust.

So viel Herzenswärme, welche sie von Trixi und Lisa bekam, das war kaum vorstellbar für sie, die zwar heimlich erotische Filme schaute, doch sich selbst stets zurücknahm. Das war ab diesem Abend vermutlich vorbei. Denn sie hatte gelernt, wie herrlich es war, wenn Lisa über ihre Scham strich, ihre Möse leckte und Trixi ihre Brüste saugte.

»So ein kleines geiles Luder«, wisperte Trixi Lisa zu, »deine Carmen entwickelt sich hier zu einem richtig kleinen Nimmersatt. Na, soll sie ruhig, offenbar war sie bis dato ziemlich schüchtern.«

Was Carmen bejahte. Trixi konnte nicht verhindern, dass sie in ihrer Erregtheit der jungen Frau auf den Hintern schlug; Lisa indes pustete sanft in Carmens Grotte hinein und dieser sanfte Windzug hinterließ Spuren bei der jungen Frau.

Sie wälzte sich jetzt auf dem Boden, Trixi saß auf ihrem Kopf und hatte die Beine lang gemacht, Lisa ließ Carmens Möse glühen und sie hatte alsbald das Gefühl, dass der jungen Frau ein Orgasmus ins Haus stand, der sie so erschüttern würde, dass sie ohnmächtig zu werden drohte.

»O mein Gott, o mein Gott, das ist einfach gigantisch«, säuselte Carmen, als es so weit war und Trixi nicht anders konnte, als Carmen auf den Hintern zu hauen, damit sie sich wieder in den Griff bekam. Lisa presste ihr Gesicht zwischen Trixis Pobacken und begann zwischen und über ihnen zu lecken. Das

Objekt der Begierde lag so aufreizend vor ihr, dass Trixi Lisa befahl: »Los, mach weiter, du hast eine extrem flinke Zunge, ich liebe das. Geh damit durch meine Spalte, tiefer … ja, so ist es gut.« Lisa leckte wie wild über Trixis Scheide und tat so, als wolle sie einen Honigtopf ausschlecken.

Auch Carmen war nicht untätig, sie widmete sich Trixis Brüsten, die sie drückte und presste und dann in den Mund nahm und kräftig daran saugte. Sie biss in sie hinein und wisperte: »Du kleines geiles Luder. Was sind wir doch alle für Weiber. Wollen alle nur das eine!«

»Was ist so schlimm daran?«, keuchte Lisa, die gerade den Kopf zur Seite drehte und Trixis Geschlecht saugte und ihre Zunge tanzen ließ. Es machte ihr Freude, Trixi zu stimulieren, währenddessen Carmen sich öfter an Lisa gütlich tat.

Im Prinzip war das Trixi egal, doch sie hatte diese Frau als Erste erobert, und so sah sie sich im Recht, sie auch zum Orgasmus zu führen, und sie kniete sich vor sie, führte mehrere Finger in diese feuchte, warme Liebesgrotte ein und begann sie in der Möse zu drehen.

Lisa schrie leise auf, dann rollte auch sie sich von dem Tisch und landete auf dem Boden. Carmen wimmerte vor sich hin: Irgendjemand möge doch ihre Möse lecken, sie wäre mittlerweile so geil, ihre Möse sei so geschwollen, so etwas kannte sie bis jetzt überhaupt nicht. Ihr Gesicht war gerötet und allmählich sorgte sich Lisa um die schüchterne Carmen, die sich hier gebärdete wie eine Löwin.

Es wurde geküsst und gefingert, Hintern und Möse waren die beliebtesten Eingriffstellen, aber auch die Brüste der einzelnen Beteiligten fanden größte Beachtung. Sie wurden angeknabbert, man presste und drückte sie, und der Schweiß rann den drei Frauen den Rücken hinunter.

Dann kicherten sie und meinten, so geil hätten sie sich das

Camp nicht vorgestellt. Sie gingen erst auseinander, als sich die Nacht der Sonne geschlagen gab. Diese färbte den Himmel glutrot und die Vögel begannen den Morgen zu begrüßen. Die Ostsee glitzerte silbern im Schein der aufgehenden Sonne, ein Fischerboot war weit draußen zu erkennen.

»Lasst uns jetzt besser gehen«, meinte Carmen. »Es könnte ansonsten Ärger geben – haben sie nicht gesagt, dass wir das Camp nicht verlassen dürfen?«

»Quatsch mit Soße«, meinte Trixi und zog ihre Stimme leicht an, »ich bin schon groß und weiß, was ich will. Ich habe nicht umsonst dreihundertfünfzig Euro berappt, ich will meinen Spaß haben. Sex ist doch auch motivierend, oder wie seht ihr das?«

Man musste ihr zugestehen, dass sie damit durchaus im Recht war.

Es lohnte sich für die drei nicht mehr, noch mal an der Matratze zu horchen, also setzte man sich an den Flussrand und beobachtete den Sonnenaufgang. Wie die Sonne sich immer weiter aus dem Meer erhob – das war etwas, was die Seele zum Klingen brachte.

»Das ist etwas, was man nicht mit Geld bezahlen kann«, meinte Trixi ergriffen und da kam auch die Psychologin dazu, die offenbar bereits gejoggt war.

»Die Natur schenkt uns Momente des Glücks und des Friedens; noch so viel Geld ersetzt nicht diese Ruhe und Beschaulichkeit«, meinte Lisa und sah die Psychologin fragend an.

Die nickte und fragte frei heraus: »Habt ihr das Boot wenigstens wieder abgedeckt?« Sie grinste dabei, und als alle drei erröteten, meinte sie: »Ihr glaubt doch nicht etwa, dass ihr die Ersten seid, die dieses Liebesnest entdeckt haben. Das Boot liegt da schon so lange ich denken kann. Es hat schon viel erlebt, so viel kann ich euch versichern.«

Man prustete los, und dann war es auch schon wieder Sonntag, man hatte viel gelernt, auch wenn alles fließend geschah. Doch die Frauen waren anders drauf. Die Trainingsstunden mit der Psychologin hatten ihnen viel gebracht, ebenso wie die vielen Wasseraktivitäten, die einerseits sehr anstrengend, andererseits unbezahlbar waren. Niemand bereute, mitgefahren zu sein, was nicht immer der Fall war.

Lesbisches Treiben im Frauenknast

»Hey Linda!« Gabriela Brandl, eine der Kolleginnen von Linda Haltern, welche in dem Frauengefängnis der Stadt ihren Dienst verrichteten, kam grinsend auf diese zu und meinte: »Ja du, bin ja mal gespannt, ob dieses Mal wieder was für dich dabei ist. Die Neuen kommen heute.«

Linda Haltern verzog keine Miene. »Bin noch nie leer ausgegangen, das solltest du wissen. Ich finde immer jemanden, der es mit mir treiben möchte, wenn ich anbiete, auf das Mädel aufzupassen.«

»Also mir wäre das echt zu anstrengend«, meinte Lindas Kollegin. »Immer auf der Jagd nach einer willigen Frau, die bei dir Schutz sucht. Brauchst du das, um dich selbst zu beweisen, oder was?«

Linda schnaubte bloß und meinte, sie könne sich eben ein Leben ohne gewisse Spielchen und Avancen nicht vorstellen. Denn im Grunde war Linda eine einsame Frau. Sie hatte nichts außer ihrer Arbeit, die sie geflissentlich seit fünfzehn Jahren ausübte. Beliebt bei dem Direktor und den Oberen, war sie öfter mal ein Zankapfel unter den Kolleginnen. Linda schaffte es tatsächlich jedes Mal wieder irgendeine Neue zu überzeugen, dass sie auf sie aufpassen würde, dafür erwarte sie allerdings etwas Zuneigung. Nicht wenige gingen auf das Angebot ein. Sex spielte in dem Leben der Wärterin eine große Rolle. Es war das Einzige, womit man sie aus der Reserve locken konnte.

Lust.

Geilheit.

Leckte irgendeine spitze Zunge über ihre Möse, schob vielleicht noch zwei Finger in diese hinein, befand sich Linda auf dem Gipfel der Lust.

Heute nun war Dienstag, und gegen elf Uhr morgens brachte ein Bus die Neuankömmlinge in den Hof, wo sie dann auf die einzelnen Bereiche des Gefängnisses aufgeteilt wurden. Es gab natürlich auch in diesem Gefängnis Straftäter, die schwere Verbrechen begangen hatten, welche mit kleineren Vergehen und dann solche, die ausgetickt waren und übergriffig geworden waren.

Linda war sich sicher, fündig zu werden, denn zehn Neue waren angemeldet. Reichlich Auswahl für sie, und sie fuhr sich mit der Zunge bereits über ihre ausgetrockneten Lippen. Der Sommer war zwar nicht gerade heiß gewesen, doch heute brannte die Sonne vom Himmel, und sie musste auf den Bus warten, damit sie die Erste war, die die Neuankömmlinge begutachten konnte. Sie stellte sich so auf, dass, wenn die Tür des Busses sich öffnete, alle Neuen an ihr vorbeiflanieren mussten. Für Linda bereits ein Genuss. Sie machte sich wenig Gedanken darüber, dass man über sie lästerte; diese Phase hatte Linda längst hinter sich gelassen.

Als der Bus kam, fiel ihr sofort auf, dass auffallend viele ältere Frauen darunter waren. Ihr waren die Vergehen der Neuankömmlinge nicht bekannt, doch sie wunderte sich schon, dass es dieses Mal in Richtung fünfzig plus ging. Nun, auch da gab es viele, die, vom Leben gebeutelt, einfach mal austickten.

Ihr Blick ruhte bereits auf einer Frau Ende zwanzig, die ängstlich dreinschaute und sich kaum traute, aus dem Bus zu steigen. Eingeschüchtert sah sie sich auf dem kahlen Gefängnishof um, und konnte nur mit Mühe ihrer Tränen Herr werden.

Für Linda bestand Handlungsbedarf. Sie ging auf die Frau zu und meinte, dass alles halb so schlimm wäre, und fragte sie, was denn ihr Problem sei.

Karin Meyer, welche die Wärterin sofort sympathisch fand, meinte nur, dass sie vier Monate hier verbringen müsse. Ihr Hauswirt habe sie angezeigt, weil sie seit einem halben Jahr keine Miete mehr bezahlt habe. Linda bat die Frau, zu warten, sie müsse die anderen Frauen aus dem Bus holen.

Einige kamen in Trakt drei, wo die ganz harten Schwestern saßen, denn es waren zwei darunter, die bereits an Füßen und Händen gefesselt waren, da musste sie nicht mehr lange fragen. Sie schaute auf ihr Tablet, machte einen Haken hinter die abgefragten Namen.

Eine zweite Aufseherin kam und führte alle in einen großen, kalten Raum, wo sie alle abgetastet und untersucht wurden, ob sie irgendwelche Rauschmittel oder Taschenmesser oder sonst irgendetwas einschmuggelten. Dazu wurde ihnen in den Anus gefasst, auch das Geschlecht blieb nicht verschont; überall wo man etwas verstecken konnte, wurde sehr gründlich untersucht.

Viele renitente Neulinge verweigerten sich, doch die Aufseherinnen hatten da so ihre Methoden, dass sie letztlich doch nicht drumherum kamen, sich auszuziehen, sich zu bücken oder respektive ihre Beine aufzudehnen.

Für Linda war dies das erste Highlight, doch heute wollte der Funke nicht überspringen. Die Frauen sprachen sie nicht an, alles Giftzähne, wie sie sich auszudrücken pflegte, und zwei waren darunter, vor denen selbst sie Respekt hatte. Doch niemand hatte etwas dabei, was die Dienstaufsicht auf den Plan gerufen hätte, man übergab den Frauen ihr Wäschepaket, ihre Kleidung und reichte sie weiter an die nächste Aufseherin, die ihnen ihre Zellen zuwies.

Linda kümmerte sich um Karin Meyer, welche die Aufseherin im Auge behalten hatte. Sie wurde von ihr in ihre Zelle geführt und Karin schaute sich verzweifelt um.

Es war für sie ein regelrechter Schock, als sie diesen kalten Raum sah, wo sie ihre vier Monate abzusitzen hatte, weil ihre Mietschulden das Maß aller Dinge übertrafen. Der Hauswirt hatte sie verklagt, vier Monate hatte sie aufgebrummt bekommen, jetzt stand sie da, wie eine Hilfe suchende Frau, die mit verweinten Augen die Aufseherin ansah.

Diese nahm sie in die Arme, spürte, dass Karin zitterte, und sagte leise zu ihr: »Alles wird gut, Schätzchen. Nichts wird so heiß gegessen, wie es gekocht wird. Vier Monate sind nichts. Natürlich ist es nicht schön und du bist vorbestraft, aber soll ich dir was verraten?« Sie schnalzte mit der Zunge und baute Spannung auf: »Ich könnte dich beschützen, ich könnte dich vor den wirklich bösen Frauenzimmern fernhalten und dir eine vernünftige Stelle zukommen lassen. Diejenigen, die kleinere Delikte verübt haben, werden immer irgendwo hingeschoben, wo gerade jemand gebraucht wird …«

Jetzt hatte sie so viel erzählt, dass Karin der Kopf brummte.

Sie wisperte nur: »Das würdest du wirklich tun? Du würdest mich beschützen?«

»Klar«, meinte Linda und fuhr Karin sanft über die seidenweiche Haut, »dafür brauchst du nur ein bisschen nett zu mir zu sein.«

»Ah ja!« Als hätte Karin es geahnt. Auch hier lief nichts ohne Gegenleistung. Doch lieber so, als von irgendjemandem belästigt zu werden. Das konnte sie gerade nicht gebrauchen, sie hatte auch so schon einiges mitmachen müssen und sich in Grund und Boden geschämt, als das Urteil vor ein paar Tagen gefällt wurde.

Bekanntschaft mit einem Gefängnis zu machen, stand nicht auf Karins Lebensplan und entsprechend frustriert war sie. Noch immer hielt sie ihr Wäschepaket in Händen, welches ihr Linda nun aus den Händen nahm und es auf die Pritsche legte.

»Komm erst mal an, pack aus, zieh dich um und dann treffe ich dich im Aufenthaltsraum, okay? Ich sehe derweil zu, wo ich dich unterbringen kann.«

»Ankommen, der Spruch war gut!« Eigentlich wollte sie so schnell wie möglich hier wieder hinaus. Karin konnte es nicht fassen, dass ihr Vermieter den Vergleich abgelehnt hatte, welcher ihr Anwalt ihm angeboten hatte. Offenbar hatte sie es übertrieben, denn Einsicht war etwas völlig anderes. Der Mann lief vor Wut rot an und fragte ihren Anwalt, ob er ihn hochnehmen wolle.

An diesem Punkt schloss Karin die Augen, es hätte nicht passieren dürfen, doch sie hatte nirgendwo mehr Geld auftreiben können. So saß sie jetzt mit geschlossenen Augen auf der Pritsche, steckte ihre Alltagskleidung in einen Wäschesack, welchen sie bei der Entlassung wiederbekommen würde; im Knast legte man Wert auf bequeme Kleidung. Ein Laufsteg war das hier leider nicht.

Sie erinnerte sich an die Worte ihres Vaters, der schon sehr früh in ihrer Kindheit meinte, dass bei Geld die Freundschaft aufhöre. Und so war es auch bei ihr gewesen. Sie hatte bei Banken vorgesprochen, hatte bei Freunden um Geld gebettelt.

Karin sah es mittlerweile so: Sie konnte nur daraus die Lehre ziehen, dass sie so manches in ihrem Leben ändern musste, dazu gehörte es auch, ihren Freundeskreis drastisch zu reduzieren und die Bank zu wechseln, die bisher gut an ihrer Verschuldung verdient hatte.

Als sie sich umgezogen hatte, trug sie ihre Wäsche in den Aufenthaltsraum, wo schon ein großer Berg davon lag: Alles wurde in einer Kammer aufbewahrt, hier kam nichts weg.

Dann wurden den Frauen ihre Arbeitsplätze zugewiesen, einige murrten, andere atmeten auf, so auch Karin, die in den vier Monaten für das Ein- und Ausräumen der Spülmaschinen zuständig war. Das hatte sie Linda zu verdanken, das wusste sie wohl, denn einige der schweren Kaliber waren für die Wäscherei eingeteilt worden, wo offenbar niemand gern arbeitete.

Mittlerweile wusste Karin, wann es Frühstück, Mittagessen und Abendessen gab, wie lange gearbeitet wurde und wie die Freizeitgestaltung aussah. Es war nicht viel, aber immerhin. Sie konnte mit einem Psychologen sprechen, es gab einen Gefängnispastor, sonntäglicher Gottesdienst wurde angeboten, jedoch wenig genutzt und so wurde viel geredet, während sich einige straffällig gewordene Frauen träge die Fingernägel säuberten oder mit ihrem lockigen Haar spielten. Sie waren bereits so abgestumpft, dass Karin mit dem Kopf schüttelte.

Karin hatte Altgriechisch studiert, sich Hoffnungen auf eine Stelle in einem Museum gemacht, doch bis jetzt waren ihre Träume alle zerplatzt. Sie hatte überlegt, ein Archäologiestudium dranzuhängen, doch da schlug die Kostenfalle zu. Zwar hatte sie bemerkt, dass ihre Rücklagen und Ersparnisse immer weniger wurden, doch viel zu spät darauf reagiert. Deshalb konnte sie irgendwann ihre Miete nicht mehr bezahlen und hielt den Hauswirt hin, bis diesem der Kragen platzte.

Wild hämmerte ihr Herz gegen ihre Brust, Karins Puls raste wie verrückt, sie schämte sich abgrundtief, doch das half ihr nicht durch den Tag. Schnell registrierte sie, dass sie wachen Verstandes sein musste, um nicht von den anderen Insassen belästigt oder über den Tisch gezogen zu werden. Da war es gut, wenn diese Linda auf sie aufpassen würde.

Die kam nun auch auf sie zu und fragte, ob alles glattgegangen wäre.

Karin nickte, bedankte sich bei der Frau und meinte: »O Gott, dass mir das passieren musste. Ich hätte besser auf mich aufpassen müssen!«

»Betrachte es doch einfach als Lebenserfahrung«, meinte Linda und schaute Karin gierig an.

Mein Gott, was für eine Frau, was für weiche Haut sie hatte, was für ein apartes Wesen. Sie würde ihr persönlichstes Herzbeben werden, welches sie jemals hatte.

Sie sprach Karin auf das Studium an und fragte, wieso sie Altgriechisch studiert hätte, und Karin war bass erstaunt, dass dies in ihren Akten vermerkt war. Niemanden hatte dies etwas anzugehen, schon gar nicht hier im Gefängnis. Sie holte tief Luft und sagte: »Nun, diese Sprache wird in Museen, Einrichtungen für altertümliche Sprachen und anderes mehr, sehr wohl benötigt. Leider habe ich bis jetzt noch keine passende Stelle gefunden, obwohl …«

Sie brach die Erläuterung ab. Was hatte sie sich zu rechtfertigen? Diese Linda wollte sie beschützen, dafür verlangte sie Sex. Sie musste dies gar nicht explizit aussprechen, sie wusste es auch so. Karin konnte sehr gut Gesichter lesen, und in Lindas Gesicht stand pure Geilheit geschrieben, stand die Sehnsucht nach Wärme und Geborgenheit; offenbar hatte sie nichts weiter als ihre Arbeitsstelle.

Nun gut! Vielleicht hatte diese Frau ja wirklich recht, und sie sollte es als Lebenserfahrung abspeichern. Was nutzte es ihr, wenn sie hier Trübsal blies, diese Frau würde ihr Recht fordern und nach Langeweile sah das hier wirklich nicht aus.

Sie schüttelte sich, als sie wieder in ihre Zelle geführt wurde. Übel wirkte diese – wenn alle so aussahen … doch auch diesen Gedankengang ließ sie schnell wieder an sich vorüberziehen.

Vier Monate, dachte sie bei sich, andere sitzen hier fünfzehn Jahre oder gar ihr ganzes Leben. Stell dich nicht so an! Du schaffst das schon! Und mithilfe dieser Linda kann dir doch eigentlich gar nichts passieren.

Damit tröstete sie sich und legte sich auf die Pritsche, wo sie auf das Abendessen wartete.

Linda spürte den heißen Atem hinter sich und drehte sich erst um, als ihre Kollegin fragte: »Na, bist ja fündig geworden. Die Kleine hat was, ist aber auch nicht mehr die Jüngste, oder?« Sie grinste.

»Ach weißt du, wenn ich so alt wäre wie du, würde ich schön ruhig sein. Was willst du eigentlich von mir? Kümmere dich doch lieber um deinen eigenen Mist«, zischte Linda und sah die Kollegin mit blitzenden Augen an.

Sie zeigte ihr den Mittelfinger und brummelte vor sich hin, dass sie sie mal könne …

***

Wie man sich denken kann, lief der erste Tag für Karin nicht gerade optimal. Sie musste sich eingewöhnen, und fiel von einer Ohnmacht in die Nächste.

Der Saal, in welchem die Mahlzeiten eingenommen wurden, war eine bessere Turnhalle, das Essen konnte man sich selbst nehmen, die Bestecke waren aus Plastik. Der Tee, welcher mal kalt, mal warm serviert wurde, hatte den Geschmack, als hätte er zum dritten Mal die Bekanntschaft mit der Teekanne gemacht – alles in allem ein Kulturschock.

Sie sagte sich immer wieder, dass sie tiefer nicht sinken könne, und ließ sich für die kommende Woche einen Termin bei der Sozialarbeiterin geben, um zu klären, wie es nach ihrem Gefängnisaufenthalt mit ihr weiterging. Das Studium, das sah sie mittlerweile ein, war der falsche Weg gewesen, sie bekam keine Stelle, also musste sie andere Wege gehen. Sie legte ihr Schicksal in die Hände der Sozialarbeiterin, vielleicht wusste sie einen Weg, wie es weitergehen könne.

Vier Monate!

Gut, hier hatte sie es warm und niemand belästigte sie. Sie starrte in ihrer Zelle aus dem Fenster, welches vergittert war, konnte jedoch zumindest hinaussehen, sah auf Bäume, die allmählich ihr Laub verloren, legte sich aufs Bett und schlief prompt ein. Sie war am Boden zerstört.

Dass die Tür leise aufgeschlossen wurde, bekam sie gar nicht mit, erst als Linda sie weckte, schoss Karin völlig verängstigt in die Höhe. Sie zitterte am ganzen Körper, denn diese Zelle war kalt, unfreundlich und vermutlich für die Gefangenen gedacht, die nur kurzzeitig hier zu Gast waren. Sie konnte sich einfach nicht vorstellen, dass alle Zellen so aussahen.

Linda nahm sie auch sofort in die Arme, küsste sie sanft, befingerte Karins seidenweiches Haar.

»Mein Gott, wie schön du bist«, wisperte die Aufseherin und Karin, von den vielen neuen Eindrücken noch immer überwältigt, klammerte sich an die Aufseherin wie ein scheues Äffchen. Sie rieb sich an ihr, ließ sich von Linda über die Wange streicheln und nahm sehr wohl den heißen Atem der Schließerin wahr. Linda registrierte, dass Karin einen durchtrainierten, außergewöhnlich weichen Körper hatte, der Linda hochgradig erregte. Diese Frau schien außergewöhnlich zu sein, und sie sehnte sich schon jetzt nach ihren Küssen, nach ihren Berührungen, und Karin tat das, was sie tun sollte.

Sie befingerte die angespannte Rückenmuskulatur von Linda, fuhr mit dem Daumen bis zum Po hinab und wieder hinauf und musste sich eingestehen, dass es sie ebenfalls erregte.

»Und, wie hat dir die kleine Kostprobe gefallen?«, meinte Karin mit aufreizender Stimme, blies sanft in das Ohr der Wärterin und wartete auf Antwort.

»O ja. Weiter … mach einfach weiter.«

Linda ließ sich einfach gehen, und Karin war ebenfalls kein Kind von Traurigkeit, ihre lethargische Haltung beruhte eher auf die Misserfolge, die sie in den letzten Monaten zu verzeichnen hatte.

Doch Linda hatte sie richtig eingeschätzt. Wenn Karin erst einmal ein paar Tage hier war, würde sie eine wundervolle Geliebte ihr Eigen nennen. Volle vier Monate bräuchte sie sich nicht mehr zu bemühen – es würden wundervolle Zeiten für die Aufseherin anbrechen.

Sie stupste Karin an, und diese legte sich auf die Liege, sie zog sich ungeniert aus, und das erste Mal sah Linda Karin in voller Pracht vor sich stehen. Sie hielt die Luft an und genoss mit all ihren Sinnen diesen Körper.

Die Aufseherin flog in die Arme von Karin, küsste sie auf den herzförmigen Mund, tat alles dafür, dass Karin Vertrauen zu ihr fasste.

Die junge Gefangene brauchte nur wenige Handgriffe, um die Wärterin in den siebten Himmel der Lust zu katapultieren; sie befingerte ihre saftige Möse, und Linda begann sich bereits nach kurzer Zeit aufzubäumen wie ein Wildpferd, stöhnte laut und zuckte, als der Orgasmus über sie hinwegfegte.

»Du liebe Zeit«, hauchte sie, »du bist ja eine wahre Künstlerin!«

»Ach was«, meinte Karin gelassen, »ich kann mich nur in andere Menschen gut hineinversetzen. Und ich merke sehr genau, was dir gefehlt hat in der letzten Zeit. Anerkennung und Freude am Leben, stimmt's?«

Linda konnte nur nicken und war völlig baff, als Karin nickte.

Begierig führte die Insassin ihre Finger in die feuchte, warme Möse der Aufseherin, sie fühlte sich wohl bei ihr, befingerte sie weiter, obwohl sie gerade einem Orgasmus erlegen war, und Linda wurde immer erregter, als der zweite Höhepunkt über sie hinwegjagte und sie von Karin wegtrat, weil sie einfach nur noch dahinschmolz. Sie konnte es nicht mehr ertragen, so sehr zitterte sie, so sehr hielt sie der Gipfel der Lust in Atem, sodass sie sich hin und her wand, um nicht laut aufzustöhnen.

Karin strich sanft über Lindas erhitzte Haut, die konnte ihr Glück noch immer nicht ganz fassen, doch Karin wisperte nur: »Ich werde dich fliegen lassen, von einem Höhepunkt zum anderen. Ich bin froh, dass du auf mich aufpasst.«

Linda gab einen Laut von sich, den Karin nicht einzuordnen wusste, doch ihre Hände entwickelten bereits wieder ein Eigenleben, tanzten auf dem Körper der Aufseherin, verbargen sich in den unscheinbaren Grotten der Lust; zwischen den Brüsten, zwischen den Achselhöhlen, die Karin ebenfalls zu lecken begann, und allmählich wanderten diese Hände immer tiefer und tiefer, hin zu der megafeuchten Tropfsteinhöhle, die um Erlösung bettelte.

Lindas Becken hob sich, ihre Klit suchte Lindas Finger, welche sie nicht fand. Ihr Körper war so ausgehungert, dass selbst ihr der Atem stockte. Sie hatte einige Male Glück gehabt mit den Frauen, die sie beschützte, doch diese hier – Karin – war einfach nur perfekt. Instinktiv schien sie zu wissen, was der Aufseherin guttat, was ihr gefiel und Linda nahm sich nicht zurück, sie flehte Karin um Erlösung an. Linda fand, dass sie gut zusammenpassten, ließ Karin dies auch wissen, und von da an verlor Karin alle Hemmungen.

Auch bei ihr hatte sich so einiges aufgestaut, und als sie Linda befriedigt hatte, wisperte sie dieser ins Ohr, ob sie …

Doch diese berührte bereits ihre Brustwarzen. Eine kleine weiche Stimulation, die Karin aufstöhnen ließ, sie bog ihren

Körper der Wärterin entgegen; ihre Zähne klapperten, ihr Puls stieg in ungeahnte Höhen.

»Du liebe Zeit«, stöhnte die junge Frau, »es ist einfach wunderbar. Ich brauche dich, ich verehre dich, ich liebe dich!«

Nun musste man diese Worte nicht unbedingt auf die Goldwaage legen, doch für Linda ging ein Traum in Erfüllung. Nie zuvor hatte eine Insassin sie so mit Komplimenten überhäuft, nie zuvor war sie so sanft berührt worden, wie Karin dies tat, und nie zuvor war sie so scharf auf jemanden gewesen. Sie konnte nicht benennen, was es war, warum sie sich so magisch von dieser Frau angezogen fühlte, doch sie wusste, dass sie Karin in vier Monaten nur schweren Herzens ziehen lassen würde.

Am Abend kam die Ablösung, und Linda ging nach Hause. Sie verabschiedete sich von Karin, als würde sie niemals mehr wiederkommen, küsste sie, umarmte sie und senkte den Mund auf die Lippen der Neuen.

Beschwingt ging Linda nach Hause, ihr kleines Apartment wartete auf sie. Sie würde sich auf den nächsten Arbeitstag vorbereiten und selbstredend an Karin denken, mit der sie unglaubliches Glück gehabt hatte.

Tosend vor Lust drehte sie die Stereoanlage auf, tanzte sich durch den Abend und trank dazu sogar eine Flasche Wein, was sie seit Ewigkeiten nicht mehr getan hatte. Sie fühlte sich gelöst und frei und war so zufrieden mit ihrer Situation, dass sie entsprechend gut schlief und selbstredend verschlief.

Als sie am nächsten Morgen erwachte, blickte sie ungläubig auf die Uhr und beeilte sich an ihre Arbeitsstätte zu kommen, denn gerade bei der Frühschicht herrschte immer ein Mangel an Kräften.

Sie schaffte es gerade noch so, um sieben Uhr an ihrem Arbeitsplatz zu sein, das Frühstück für die Frauen vorzubereiten und dann die Zellen aufzuschließen, denn diese wurden in der Nacht verschlossen. Linda blinzelte in Karins Zelle hinein, doch offenbar war diese gerade in der Nasszelle, die ihr nicht jeden Tag zur Verfügung stand. Sie selbst schwitzte bereits am frühen Vormittag, hoffte darauf, dass dieser schnell zu Ende gehen würde. Denn bis zum Mittag hatte sie alle Hände voll zu tun, und auch Karin musste in der Küche ihre fünf Sinne beisammen haben. Als sie die Zellentür wieder schließen wollte, kam Karin um die Ecke, nur Slip und BH tragend, die Haare nass. Sie sah zum Anbeißen aus, doch man begnügte sich mit einem Guten-Morgen-Kuss, denn beide hatten es eilig. Linda hatte Aufsicht im Frühstücksraum und Karin musste sich noch die Haare föhnen.

Sie lächelte Linda an und sagte: »Ich freue mich, dass ich dich kennenlernen darf; ich denke, dass wir uns gut verstehen werden! Danke übrigens, dass du mir den Job in der Küche zugeschanzt hast. Ist nicht so schlimm, die Frauen in der Wäscherei sind sich nur am Beschweren, wegen der großen Hitze, die dort herrscht!«

Linda grinste. »Brauchst dich nicht zu bedanken, ist alles gut. Ich weiß doch selbst, was das für eine Plackerei in der Wäscherei ist. Da ist die Küchenarbeit nicht so wild.«

Karin lächelte die Aufseherin an. »Na dann … bis später.«

Anschließend ging sie zum Frühstück, sagte sich immer wieder, dass sie es gut getroffen habe, unter diesen Voraussetzungen. Während Karin ihr Frühstück einnahm, widmete sich Linda der Büroarbeit. Sie musste jeden Tag Buch über die einzelnen Insassinnen führen. Waren irgendwelche Vorfälle zu verzeichnen, musste sie diese eintragen.

So verging der Vormittag tatsächlich sehr schnell und um dreizehn Uhr konnten die Gefangenen eine halbe Stunde ruhen.

Sanft legte Karin ihre Arme um den Hals der Wärterin,

küsste sie federleicht auf die Lippen. Linda war darüber so irritiert, dass sie sagte: »Ich hatte angenommen, dass ich dich führe, aber du bist genauso fordernd wie ich.« Sie kicherte.

Karin griente nur.

»Tja, du hast mich gebeten, dich zu verwöhnen. Nichts anderes tue ich. Ich aber nicht unbedingt devot, denn ich liebe Sex genauso sehr wie du. Ich mag dich, Linda! Passiert leider viel zu selten!«

Linda schluckte hart.

»Weißt du, dass das das schönste Geschenk seit ewigen Zeiten ist. Du nimmst kein Blatt vor den Mund, sprichst aus, was andere vielleicht denken mögen. Du bist für mich wie ein Sechser im Lotto, womit habe ich dich eigentlich verdient?«

Karin zerrte an Linda, wollte, dass diese sich auszog, doch sie schüttelte den Kopf, weil sie Rufbereitschaft hatte. Karin selbst präsentierte sich Linda nackt.

Sie entblößte Linda so weit, dass sie an ihren Unterleib herankam, knöpfte ihre Bluse auf, um ihre Brüste zu stimulieren, dann begann sie ein gewagtes Fingerspiel, welches die Wärterin in vollen Zügen genoss.

Karin stimulierte sie, schnurrte dabei selbst wie ein Kätzchen, als sie Lindas Liebesgrotte berührte und sich ihre Zunge ganz langsam in diese hineinarbeitete. Sie zupfte an der Außenhaut ihrer Vagina, zog sie etwas auseinander, betrachtete die wunderschönen Labien, die genau richtig waren. Linda wurde von einem Sinnenrausch ergriffen, dem sie kaum mehr Herr werden konnte. Sie hatte ansatzweise geahnt, dass Karin eine Gespielin auf Augenhöhe war, und als Karin sie so sinnlich verwöhnte, kam ihr ihre eigene Möse wie überreifer Zwetschgenkuchen vor. Prall gefüllt mit Saft, der ihr bereits am Oberschenkel entlanglief, hatte Karin sie doch im Griff, streichelte Linda über den Bauch, ihre Zunge umspielte den Bauchnabel und mittlerweile fühlte sich Linda so derangiert, dass sie sich zumindest obenherum auszog. »Ist auch schon egal«, meinte sie grinsend.

Karin widmete sich voller Gier Lindas herrlich vollen Brüsten, die sie zusammenpresste, die sie leckte und in die sie keck hineinbiss. Es war ein wundervolles Gefühl für Linda, denn es erregte sie über die Maßen. Völlig entspannt war Karin dabei, und als sie später ihre Zunge in Lindas Liebesnest gleiten ließ, schlürfte sie die Feuchtigkeit, wie die Biene den Nektar einer überreifen Frucht.

Linda stand in Flammen. Sie tobte vor Lust, wälzte sich hin und her, kam nur langsam wieder runter und das lag allein an Karin, die das Feuer löschte und sich an Linda kuschelte, sie sanft streichelte, küsste und ihr immer wieder sagte: »Alles gut, es ist alles gut.« Begierig führte sie ihre Finger in Lindas Anus hinein, der Aufseherin war es, als würden Abertausende von Ameisen in diesem Moment auf dem Weg in den dunklen Bereich sein. Karin verstand es, sie anzuheizen, fast schien es der Frau, dass sich ihr Unterleib allmählich von ihr zu lösen begann. Sie merkte wohl, dass ihre Sucht nach einem Höhepunkt, diesem Gipfel der Lust, nicht mehr weit sein konnte. Doch Karin dachte gar nicht daran, sie jetzt zu stimulieren. Was sie tat, war Lindas Anus zu stimulieren, und dann fasste sie unter sie in ihre Möse hinein. Linda brach regelrecht zusammen, als eine Welle der Lust sie in den Griff bekam, der sie unterlag. Sie drehte und wendete sich, biss Karin sogar in den Arm, damit sie endlich aufhörte; sie war kurz vor dem Durchdrehen. Linda verstand es, Lust zu empfinden, doch was zu viel war, war einfach zu viel. Ihre Möse glühte, ihr Körper war schweißüberströmt und ihr Gehirn hatte schon längst aufgegeben. Sie war nur noch lustgesteuert, schmolz dahin ob dieser sagenhaften Erregung und Karin lächelte nur, weil sie Linda so viel Gutes tun konnte.

»Mein Gott, du bist die erotischste Frau, die ich jemals kennengelernt habe«, wisperte Linda. »Ich hatte mir viel vorgenommen, doch ganz allmählich hast du die Führung übernommen. Ich brauche gar nichts mehr zu tun.« Erregt leckte sie über Karins Brüste, erfreute sich an den steif aufgerichteten Nippeln, an denen sie zärtlich knabberte. Die Frau hatte wundervolle, feste Brüste, die Linda als Geschenk betrachtete. Zu oft hatte sie sich mit weniger begnügen müssen. Karin war ein Juwel, welches man schleifen konnte, welches man festhalten musste. So etwas gab es nur noch ganz selten auf der Welt.

Die Aufseherin konnte gar nicht anders, als ihren Mund über Karins Körper wandern zu lassen. Heiße Küsse verteilend, zog ihre Zunge langsam ihre Bahn bis hinunter zu Karins Scham, welche sie stimulierte, sie erbeben ließ; Karins Ritze schwoll an. Es folgten seidenweiche Küsse, die sie auf ihrem Geschlecht verteilte, sie zog die Vagina weit auseinander, sodass sie Karins Saft aufsaugen konnte. Als Lindas Zunge noch weiter in Karin eindrang, da war es der jungen Frau, als müsse sie vergehen vor Lust. Ganz bewusst blieb sie still liegen, bemerkte, wie sich da etwas aus ihrem Inneren an die Oberfläche katapultierte und sie dann ganz langsam erbeben ließ, bis das Feuerwerk einsetzte und sie vor Geilheit bebte. Linda blies über Karins Liebeshöhle hinweg, tauchte ihre Zunge noch einmal in diesen Springbrunnen hinein, es war kein Wunder, dass Karin wieder und wieder explodierte. Auch sie war sehr leicht zu reizen, und in höchster Erregung verspritzte sie die Flüssigkeit, die jeden Mann maßlos erregte. Linda schaute gierig auf die glasige Flüssigkeit und wisperte: »So etwas habe ich noch nie gesehen!«

Karin grinste. »Passiert mir auch höchst selten. Aber du bist die schärfste Frau, die ich je hatte.« Sie lagen jetzt nebeneinander, Haut an Haut, soweit das bei Linda möglich war, erholten sich von dem Liebesmarathon und falteten ihre Hände ineinander. Ganz still war es in der Gefängniszelle, man hörte sogar von draußen die Geräusche der nahe gelegenen Autobahn.

Karin fuhr sanft über Lindas feuerrote Brustwarzen, biss spielerisch hinein, legte ihren Kopf auf ihren Busen und spielte mit den Nippeln, bis sich Linda anzog. Karin wusste, dass sie ihrer Arbeit nachgehen musste.

Nach der Mittagspause kam Linda nicht wieder. Karin hatte sich gefreut, doch Linda war nirgends zu sehen.

Hatte sie sie doch enttäuscht? Hatte sie etwas anderes von ihr erwartet?

Sie wusste es nicht, war bitterlich enttäuscht, doch gegen neun Uhr abends öffnete sich die kleine Luke in Karins Zelle und Lindas Gesicht tauchte auf. Ein leckerer Duft frischer Pizza brachte Wärme in den kahlen Raum hinein und Linda schloss die Zellentür hinter sich.

»Habe ich eben gerade besorgt, guten Appetit! Musste mit einer Kollegin tauschen, ich habe Nachtschicht und komme nachher vorbei, dann können wir es uns gemütlich machen.«

Karin atmete hörbar auf. Und sie dachte bereits das Schlimmste. Voller Genuss aß sie die Pizza. Lecker war diese und sie dankte dem Himmel dafür, dass sie Linda kennengelernt hatte. Selbst wenn es nur vier Monate waren, im Knast konnten die sehr lang werden, mit Linda war alles leicht und locker. Die beiden harmonierten gut zusammen und Karin überdachte in dieser Zeit ihr Leben, das sie offenbar gründlich verkorkst hatte. Nun, nicht nur Linda stand auf ihrem Plan, sondern auch die Sozialarbeiterin, die sie morgen treffen sollte.

Vielleicht konnte sie noch einmal von vorn beginnen, was in ihrem Alter durchaus noch machbar war.

Für den späteren Abend kämmte sie sich ihr Haar, zog bereits ihr Nachthemd an, welches sie schnell über den Kopf ziehen konnte, und wartete voller Anspannung auf Linda, die spät kam, aber sie sofort in ihre Arme zog.

»Was für ein appetitlicher Empfang!«, meinte sie und massierte Karins Brüste, nachdem sie das Nachthemd achtlos unter das Bett geworfen hatte. Sie selbst trug Sweater und Jogginghose, die sie allerdings auch auszog, darunter trug sie nichts als nackte Haut.

Als Karin durch die Zähne pfiff und meinte: »Wow! Ich dachte, du musst immer rufbereit sein«, konterte Linda: »Was glaubst du, weswegen ich nur diese beiden Teile trage?«

Sie lachten beide, ließen sich auf das Bett fallen, spielten ein bisschen, umarmten sich liebevoll, sie lächelten sich verliebt an und Linda wisperte: »Du weißt, was mir gefällt, und das nach so kurzer Zeit.«

Karin, die Linda das erste Mal völlig nackt sah, sah eine Frau, die in der Blüte ihres Lebens stand. Ihre Brüste waren ausladend, ihr Körper gestählt durch das Training, welche alle Beamten der JVA absolvieren mussten. Sie war wunderschön.

»Du hast einen wunderschönen Körper, wieso versteckst du ihn eigentlich sooft?«

Langsam drehte sich Linda um, zeigte Karin eine lange Narbe, die von der Hüfte abwärtsging, und meinte: »Eine Erinnerung an eine Dame, die nicht einverstanden mit mir war. Ein Messerschnitt! Ich kann froh sein, dass nicht mehr passiert ist. Sie wurde damals in die Psychiatrie verlegt, ich glaube, sie sitzt heute noch da.«

Erschrocken fuhr Karin über die Narbe hinweg und fragte mit belegter Stimme: »Ich dachte, ihr habt so was wie Elektroschocker, Schlagstöcke oder gar Handfeuerwaffen; oder gibt es das auch nur in Filmen?«

»Nein«, meinte Linda, »aber du kannst nicht so schnell reagieren, denn solche Sachen müssen abgegeben werden, und wenn die Gefangenen es sich illegal besorgen und die Nacht bereits fortgeschritten ist, hast du keine Chance. Du bist kaputt und müde, wenn dir da einer auflauert … man kennt das Risiko und ist doch nie bereit dafür.«

Karin schluckte schwer, es fiel ihr nicht leicht, das Gespräch zu drehen, sie legte sich einfach zu Linda auf die Pritsche, zwirbelte an ihrem Busen, dann traf Zunge auf Zunge, sie rieben ihre Brüste aneinander, waren berauscht von der Glückseligkeit, sich gefunden zu haben. Lindas Körper war viel weicher geworden. Zu Beginn war er genauso verspannt, wie Karin es ebenso war. Als sie über die lange Narbe strich, meinte Linda leise: »Es tut unglaublich gut, so angenommen zu werden, wie man ist, mit all den Narben, die das Leben einem bereits verpasst hat.«

Karin konnte da nur nicken, auch sie hatte ja bereits einige Erfahrungen machen müssen, die sie lieber keinem auf die Nase band.

Das Blatt hatte sich gewendet.

Sie begegneten sich nun auf Augenhöhe, und entsprechend traurig war Linda, als sie hörte, dass man Karin wegen guter Führung zwei Wochen eher entlassen würde. Eine Sozialarbeiterin wurde ihr zur Seite gestellt und Karin schulte auf Bibliothekarin um, das hatte sie sich bereits im Gefängnis überlegt.

Sie bekam ihre eigene Abteilung »Meisterwerke der Kunstgeschichte« zugewiesen; erwarb sich in der Branche schnell den allerbesten Ruf und damit begann ihr zweites Leben. Sie blieb Linda treu. Nachdem Karin wieder Fuß gefasst hatte, zogen die beiden Frauen zusammen. Keine Sekunde bereuten sie diesen Schritt.

Intim untersucht - Von der lesbischen Frauenärztin verführt

Zoe Winter hatte sich in ihrer Heimatstadt Hanau einen ausgezeichneten Ruf als Gynäkologin erworben. Man konnte sie als eine Überfliegerin ansehen. Sie hatte bereits zwei Schulklassen übersprungen und schon früh gewusst, dass sie Ärztin werden wollte und sich auf die Gynäkologie spezialisieren würde. Das Studium schloss sie mit summa cum laude ab und war mit einunddreißig Jahren eine Ärztin, die man gern weiterempfahl. Sie erklärte den Frauen vor den Untersuchungen alles sehr detailliert, sodass sie weder Angst vor dem gynäkologischen Stuhl, noch vor einer Ultraschalluntersuchung zu haben brauchen. Auch der gynäkologische Löffel wurde den Patientinnen gezeigt und wenn Zoe damit die warme weiche Haut der Vagina hinunterdrückte, um die Gebärmutter zu ertasten, dann wurde es der jungen Ärztin oftmals ganz anders zumute. Was niemand ahnte, Zoe hatte eine Vorliebe für diese Frauen, die bloß und wehrlos auf dem Stuhl lagen, ihre Beine weit spreizten, damit Zoe ihre Gebärmutter abtasten oder irgendeine andere Untersuchung durchführen konnte.

An diversen Abenden in der Woche oder am Wochenende spielte Zoe die Szenen in ihrer Arztpraxis nach; es waren unglaublich erotische Spiele mit ihrer Frau Babette Zuck, welche vor zweieinhalb Jahren in Zoes Leben geknallt war. Einfach so! Sie hatte sie angesprochen und es hatte sofort zwischen den beiden gefunkt.

Und so wohnten sie nun gemeinsam im Haus in der Volkwartstraße 7 in Hanau, dort wo Zoes Eltern gelebt hatten, bevor sie bei einem Autounfall ums Leben gekommen waren. Sie hatte das Haus geerbt, einiges Geld in die Hand genommen und die Innenräume völlig neu gestaltet, nichttragende Wände herausgenommen und das Gesamtbild war jetzt wesentlich luftiger und nicht mehr so altbacken wie damals, als sie das Haus geerbt hatte.

Unter anderem hatte Zoe auf ein Spielzimmer bestanden, in dem sie und Babette das nacherlebten, was Zoe aus ihrer Praxis mitbrachte. Ihre privaten Bedürfnisse trennte sie zwar strikt von ihrem Beruf, trotzdem blieb es nicht aus, dass sie oftmals mit feuchter Möse an dem Untersuchungstisch stand, wenn ein besonders interessantes Exemplar vor ihr lag.

Als Paar konnten die beiden nicht unterschiedlicher sein. Zoe, mit ihren schulterlangen, hellblonden Haaren, den rehbraunen Augen und der sanften, weichen Haut, das war etwas, was Babette sofort ins Auge gefallen war.

Babette selbst war eher spröder Natur, doch nicht weniger erregbar als Zoe. Sie war von Beruf Forstwirtin, viel im Wald und hatte entsprechend häufig mit Waldarbeitern zu tun, die auf sie hörten. Vielleicht war sie deshalb etwas spröder geworden; die Haare hatte sie kurz geschnitten, ihre Haut war wettergegerbt, doch sie war eine wundervolle Geliebte und das allein zählte.

Manchmal neckte Zoe sie, da sie zudem eine veraltete Brille trug und meinte, dass es heute so etwas wie Kontaktlinsen gäbe. Doch Babette lachte nur und erwiderte, dass sie mit ihrer alten Brille den besseren Durchblick hätte, und sie beide wohl zusammen alt werden würden.

Dann lachten sie beide herzlich, fielen sich in die Arme, küssten sich und oftmals begannen sie dann zu spielen.

Die Einrichtung dieses Zimmers hatten sie sich wahrlich nicht leicht gemacht. Zoe war die Erfahrene von ihnen und Babette hatte nur kleinere Wünsche geäußert. Als Erstes war natürlich ein gynäkologischer Stuhl platziert worden, danach hatte Babette auf ein Bassin bestanden, welches, drückte man auf ein Knöpfchen, verschiedene Vibratoren unterschiedlicher Stärke und Größe zutage beförderte, und wenn man diese in die Vagina einfließen ließ, sprudelte ein Springbrunnen in der Mitte des Bassins, ein absolutes Lieblingsspielzeug der beiden, weil sie sich gleichzeitig befriedigen konnten. Ferner gab es ein Pony unter den Spielzeugen, hob man dessen Schweif an, drückte sich ein Dildo mit Samtbezug aus dem Inneren des Ponys in die Höhe und verschiedene Reizmechanismen konnten ebenfalls eingestellt werden. Es war eine wahre Freude für die Frauen, sich auf dieses Pony zu setzen, welches sie einmal auf einer Erotikmesse entdeckt hatten.

Eine überdimensionale Matratze, mit feinstem Nubukleder überzogen, war ebenfalls vorhanden, dort wurden sinnliche Spiele gespielt, von welchen sie nie genug bekommen konnten. Babette hatte ab und an ein paar Spielzeuge gekauft, Nippelklemmen, Vaginalspreizer und Schamlippenklemmen – kleine reizende Seligmacher, die sie nur allzu gern einsetzte, wenn Zoe mal wieder mit diversen Geschichten aus ihrer Praxis nach Hause kam.

Doch beide hatten sich gegen ein zu überladendes Spielzimmer ausgesprochen, und so blieb es bei den verschiedenartigen größeren Geräten – auf Babettes Wunsch wurde noch eine Liebesschaukel angeschafft, doch dann war wirklich Schluss.

Zoe war der Ansicht, dass auch die Fantasie nicht zu sehr abgelenkt werden sollte, und so viel Spielzeug tat ihr damals schon nicht gut. Sie musste Spielraum haben, im wahrsten Sinne des Wortes.

Babette, die ihr eine treue Gefährtin war, stimmte zu und so ging es oft hoch her in dem Zimmer, welches früher das Schlafzimmer ihrer Eltern gewesen, nun jedoch zur Freude von Zoe und Babette hergerichtet worden war. Ein Bad grenzte direkt an das Spielzimmer an, welches eine überdimensionale Badewanne mit unterschiedlichen Düsen beinhaltete, wo die beiden sich nach den Spieleinheiten regenerieren konnten.

So war für Abwechslung in diesem Hause durchaus gesorgt, und wenn Zoe nach Hause kam, sprühte sie zumeist vor Spiellaune und die beiden Frauen konnten es kaum erwarten, ins Spielzimmer zu gehen und ordentlich Dampf abzulassen.

An diesem Abend hatte es Zoe besonders eilig, ins Spielzimmer zu kommen. Sie hatte einen anstrengenden Tag hinter sich und hatte so einiges gesehen, was sie scharfgemacht hatte. Sie saß nackt vor Babette, die Beine im Kreuz und erzählte von einem anstrengenden Tag, der sie so ziemlich jede vaginale Form sehen ließ und auch die Untersuchung via Ultraschall waren alle nicht ohne gewesen. Gott sei Dank waren alle ihre Patientinnen gesund; Zoe nahm es immer sehr mit, wenn sie ihnen eine schlechte Nachricht überbringen musste, doch das kam im Augenblick eher selten vor. Gott sei Dank!

Die beiden Frauen lagen nebeneinander auf der überdimensionalen Matte, die mit Nubukleder ummantelt war und in die man sich so richtig einkuscheln konnte. Sie begannen sich sanft zu berühren, während Zoe aus ihrem Arbeitsalltag erzählte. Sie war sehr vorsichtig damit, wusste sie doch, dass sie Schweigepflicht hatte und so erzählte sie Babette eher oberflächliche Geschichten, die sie erregt hatten; heute war das beispielsweise eine Frau, die partout keinen Ultraschallstab in ihrer Vagina haben wollte, weil sie dieses Gerät zu sehr an einen männlichen Penis erinnern würde. Auch Zureden half nichts, bis sich Zoe zu der alten Methode entschloss und ihren Bauch abtastete; was sollte sie tun, wenn die Frau ihr vom gynäkologischen Stuhl sprang? Das hatte keinen Sinn und so zupfte Babette sanft an Zoes Brust, nuckelte liebevoll an den

Brustwarzen und meinte: »Ich wusste gar nicht, dass man sich dagegen wehren kann. Ich dachte immer …?«

»Oh, du kannst dich gegen jede Untersuchung dein Veto einlegen«, erwiderte Zoe und grinste. »Wir sind ja keine Barbaren. Möchte eine Patientin eine bestimmte Untersuchung nicht, gehe ich darauf ein, erkläre es ihr, was vonnöten wäre, sagt sie Nein, kann ich nichts dagegen tun.«

»Hmh«, machte Babette und zupfte an Zoes Nippeln herum, »das ist ja auch nicht gerade förderlich für die Gesundheit, wenn man sich dagegen sträubt.«

»Muss jede meiner Patientinnen für sich entscheiden«, meinte Zoe aufgeräumt, »und nun komm, ich habe einen langen Tag hinter mir und keine Lust auch noch zu Hause die Frauenärztin heraushängen zu lassen.«

Sie legte sich auf Babette, strich sanft durch das raspelkurze Haar und wisperte: »Mein Gott, wie sehr ich dich liebe. Ich liebe dich über alles auf der Welt. Dass du und ich zusammengekommen sind, ist für mich noch heute ein Wunder.«

Babette grinste, bedankte sich für das Kompliment und meinte: »Du hast es mir auch verdammt leicht gemacht; es war ein Blick und ich wusste, die oder keine. Und offenbar hast du es genauso gesehen.«

Sie rollten sich auf der Matte hin und her, küssten sich zärtlich, nuckelten an ihren Brustwarzen und zwickten sich gegenseitig in ihre Nippel, lachten und ließen es sich gut gehen. Gelegentlich warfen sie sich hungrige Blicke zu, ein Zeichen, dass bald etwas passieren würde und Zoe öffnete vorsichtig die Lippen ihrer Frau, knabberte an ihrer Unterlippe. Sie züngelten ein wenig miteinander und Babette schnalzte mit der Zunge.

Zoe sah heute mal wieder umwerfend aus. Als sie zu dem Bassin hinüberrobbten und die Vibratoren startete, fand Babette, dass sie stets im Schatten von Zoe stehen würde, was natürlich Quatsch war. Zoe hatte sie auserwählt, sie hatte nicht nach dem Aussehen, sondern nach ihren inneren Werten geschaut und die passten. Nun ließen sich die beiden in dem Bassin nieder, die Vibratoren lechzten bereits danach, ihre Vaginen zu verwöhnen und als Zoe sowie auch Babette sich auf diese setzen, war es das himmlischste Gefühl seit Tagen. Der Springbrunnen begann seine Wasserspiele und die beiden saßen ganz still, genossen die Vibrationen, robbten weiter zu einem Vibrator, der Perlen zu bieten hatte, in seiner Form war er kräftiger und erregender zugleich und Zoe stöhnte laut auf, als sie sich auf dieses Wunderwerk der Technik setzte und sich massieren ließ. Ihre Frau blieb bei dem mit Seidenstoff bezogenen Vibrator hängen, schloss die Augen und genoss die sinnlich softe Stimulierung. Sie war, was die Freuden der Liebe anbetraf, eher etwas zurückhaltender als Zoe, die natürlich viel mehr sah als Babette. Doch Babette konnte unglaublich gut küssen, und Babettes Zunge brachte Zoe regelmäßig zu Megaorgasmen, die sie erst so richtig genießen konnte, seit diese Frau in ihr Leben getreten war.

Zoes Gesicht hatte sich gerötet, als sie den Vibrator aus ihrem Inneren entließ und auch Babette stieß den Vibrator von sich, die Teile wurden automatisch gereinigt, wenn sie wieder in ihr Körbchen mussten, und Zoe fiel Babettes geradezu an, als sie sich küssten, ihre Armen umeinander schlangen und sich überall dort betasteten, wo erogene Zonen vorhanden waren. Es war ein hoch erregendes Spiel der Liebe, denn Zoe liebte Babettes Brüste, die um einiges größer waren als ihre eigenen. Diese in Händen zu halten, sie zu kneten und zu drücken, das war ihr eine echte Freude. Sie zwickte, sie stimulierte, sie saugte an der weichen Haut und Babette wurde sehr unruhig, als Zoe die großen Nippel mit Daumen und Zeigefinger nahm und sie immer wieder reizte. Babette war feucht. Sie war scharf auf einen Megaorgasmus, den Zoe ihr vermutlich gleich schenken würde. Doch diese dachte gar nicht daran, ihre Liebe jetzt schon zu erlösen, sie neckte und zwickte sie immer weiter, zog die Brüste extrem lang und strich mit ihren geübten Fingern darüber hinweg.

Babette stöhnte laut auf und Zoe grinste. »Du kannst es nicht verbergen, Süße. Du bist so unfassbar geil, dass ich vermutlich einen Springbrunnen vorfinden werde, wenn ich jetzt auf Tauchstation gehen werde.« Sie neckten sich noch eine Weile gegenseitig, doch dann machte sich Zoe auf den Weg zu dem geheimnisvollen Vulkan, welchen sie zu löschen gedachte.

Zoe liebte diese sanfte Art des Sex. Sich verwöhnen zu lassen, andere zu verwöhnen, darauf kam es ihr an. Sadomaso war so überhaupt nicht ihr Ding, denn sie sah genügend Frauen in der Praxis, die darauf standen und die zu ihr kamen. Mal heilten verbrannte Hautstellen schlecht oder ihr Dom war wieder mal zu brutal gewesen und hatte die Vagina der Frau grob genommen.

So etwas gab es, und dafür hatte sie leider kein Verständnis.

Sie krabbelte zu Babette hinüber und wisperte: »Gehst du bitte auf den gynäkologischen Stuhl? Ist für mich wesentlich angenehmer, als mit dir hier auf der Decke zu spielen.«

Babette nickte, spreizte ihre Beine weit, legte sie in die dafür vorgesehenen Schalen, damit Zoe sie festschnallen konnte. Babette ließ Zoe die verschiedenen Instrumente holen, die sie wohl einzusetzen gedachte, doch zuerst führte Zoe einen Dildo in Babettes Scheide hinein und sog die Luft tief ein.

»Was für ein wundervolles Genitale du doch hast«, meinte Zoe und sog scharf die Luft ein.

Babette kicherte und wisperte: »Nun fang an, sonst komme ich noch, bevor du irgendetwas mit mir gemacht hast. Ich laufe im wahrsten Sinne des Wortes aus.«

Was stimmte.

Zoe konnte sehr deutlich erkennen – sie war ja am dichtesten dran – wie feucht sie wirklich war. Es bildeten sich sogar kleine Bläschen, die von höchster Erregung zeugten. Sie zog den Dildo aus ihrer Frau heraus, wischte mit einem sterilen Tuch ein wenig von der Feuchtigkeit fort, dann hob sie Babettes Hintern etwas an, und leckte sie so intensiv, dass Babette träumen konnte, bevor sich die Spasmen in ihrem Unterleib bemerkbar machten, und sie unruhig auf dem Stuhl hin und her rutschte.

Zoe zurrte das Band, welches die Beine hielt, noch etwas fester und sog aus dieser wundervollen Frau die Feuchtigkeit heraus, sodass Babette vor Lust schrie, sich zu drehen versuchte, was Zoe zu unterbinden wusste.

Sie wollte, dass sie diesen ersten Orgasmus vollumfänglich genoss, sich von nichts und niemandem stören ließ. Der Druck, den sie durch das Betasten ihrer Scham zusätzlich aufbaute, ließ Babette in einen wahren Sturm der Leidenschaft gleiten. Sie genoss die wundervolle Stimulation, genoss den unbegreiflich extremen Orgasmus, der sich aus ihrem Unterleib herausschälte und schrie Zoe an, sie wäre ein echtes Luder.

Dazu sagte Zoe mal nichts, denn auch Babette konnte durchaus ein Luder sein, wenn sie erst einmal mit ihren Fingern ihre erotische Sinfonie anstimmte und Zoe ganz langsam kommen ließ. Es war eine andere Form des Sex, die die beiden praktizierten. Am liebsten mochten beide es, wenn es langsam zuging und sie in Orgasmen schwelgen konnten, bei denen sie spüren konnten, wie sie sich aus ihrem Inneren lösten, wie das Kribbeln in ihrem Lustzentrum immer stärker wurde und sie schließlich unter extremen Spasmen zusammenbrachen.

Das war der Sex, den die beiden mochten.

Zoe war gerade dabei, Babettes Kitzler zu lecken, der prall und rund vor ihren Augen stand, und sie war nur allzu bereit, diesen in ihren Mund zu nehmen, als Babette explodierte. Das war so nicht geplant gewesen, doch diese stöhnte laut auf, und schrie: »Du meine Güte, was für lustvolle Schauer. Ich werde noch wahnsinnig. Hör auf, oder ich verglühe. Mein Körper ist eine einzige Feuersbrunst, die nur du löschen kannst.«

Zoe nahm dies wörtlich, ging in die Küche und kam mit einer Flasche Wasser zurück. Sie goss ein wenig über Babettes Bauch und diese genoss das Gefühl so intensiv, als hätte ihre Frau den teuersten Champagner der Welt gewählt.

Sie ließ Zoe aus einem Glas trinken, dann kam der Vulkan in ihr allmählich zur Ruhe und Zoe ließ Babette von dem Stuhl absteigen.

Babette war noch immer nicht wieder ganz bei sich und meinte: »Du bist die tollste Frau, die ich je kennenlernen durfte, eine absolut fantastische Geliebte, und vermutlich die allerbeste Ärztin, die Hanau zu bieten hat. Sag mir bitte, womit ich dich verdient habe.«

Zoe lachte hellauf. »Nun mal langsam. So toll bin ich nun auch wieder nicht. Du weißt es doch besser als ich, dass ich so viele Ecken und Kanten habe, viel mehr als du. Ich denke doch … dass du übertreibst. Und warst nicht du es, die nach einem Feuerzeug fragte, und ich erst viel später erkannte, dass es gar keine Zigarette dazu gab.«

Babette grinste. »Ja, das war doof von mir, aber ich musste mir schnell etwas einfallen lassen, denn ich wusste, es würde kein zweites Mal geben. Komm, lass uns mit dem Pony spielen!«

Daraufhin gingen die beiden Frauen zu dem Pony und Zoe setzte sich als Erste darauf, Babette betätigte den Schweif und dann spürte Zoe, wie sich der ummantelte Dildo aus dem Pony schälte, um sofort in ihre feuchte Vagina einzutauchen. Es war ein unglaubliches erotisches Spiel, welches sie nicht missen mochte.

Das Ponyspiel spielten sie sehr oft und wurden doch nicht müde, es immer wieder in ihr Spielprogramm zu integrieren.

Zoe stöhnte leise auf, als der mit weichem Samt ummantelte Dildo in sie hineinstieß und sie wisperte Babette zu: »Stufe zwei, bitte!«

Stufe zwei hieß, der Dildo stieß härter in den Unterleib der Frau hinein und drückte sich stärker gegen die Gebärmutter, doch gelegentlich mochte Zoe auch diese Spielart. Mit einem lang gezogenen Seufzer streckte sie sich auf dem Pony aus, ohne dass der Dildo aus ihr herausrutschte, genoss den absoluten Megaorgasmus, den er ihr verschaffte und Babette stand hinter ihr, küsste ihre Brüste, liebkoste sie und reizte ihre Nippel, sodass Zoe letztlich aufschrie, und bat, sie endlich zu erlösen.

»Mein Gott, das habe ich gebraucht!«, sagte sie seufzend, als ihre Frau das Pony angehalten und Zoe abgestiegen war. Babette hatte heute keinen Bedarf, sie wollte lieber auf der Matte spielen und die Möse ihrer Freundin lecken, sie in Dimensionen gleiten lassen, die auch ihr fremd waren.

Dafür hatte sie sich eigens einen Fingerstimulator gekauft, nicht teuer, aber effizient. Sie hatte ihn bei einem Onlinehändler entdeckt und hielt ihn für unglaublich reizvoll. Das fand allerdings auch Zoe, die dieses Spielzeug noch nicht kannte, und als Babette mit dem Fingerstimulator über ihre weit gespreizten Oberschenkel glitt, meinte Zoe, dass sie selten so etwas Erregendes gespürt hätte.

Es musste ja auch nicht immer etwas Großes sein. So besaßen die Frauen sehr viel stimulierendes Spielzeug in diversen Formen und Farben, darunter Nippelklemmen mit und ohne Gewichten, auch Vaginalklemmen gehörten dazu, Spreizer für das Aufdehnen der Vagina. All das waren Dinge, die sie nicht brauchten, die sie aber gern einsetzen, um noch mehr aus sich herauszukommen, zu brennen, das Feuer in sich zu spüren, voller Zärtlichkeit einsetzen, um dann ganz allmählich den Boden der Tatsachen zu berühren.

Gern schäkerten sie auch miteinander, so wie in diesem Augenblick, als Zoe meinte, wieso Babette noch immer durch den Wald kroch, sie gäbe doch mittlerweile eine wundervolle Assistentin ab, so viel wie sie bereits über ihren Beruf wusste ...

Babette gab sich empört. »Bevor das passieren würde, würde ich vermutlich an einer Pommesbude leckere Pommes verkaufen. Nee du, das wär so gar nicht meine Welt ... jeder hat seine Vorlieben, nicht wahr? Vergiss es, mich zu überreden, es würde nur einen Keil zwischen uns treiben!«

Zoe nickte. »Genau. Schluss jetzt mit dem Geschwafel, lass uns noch ein wenig auf der Matratze spielen, bevor wir in die Wanne steigen. Ich muss dir unbedingt noch ein neues Spielzeug zeigen, welches ich erstanden habe.«

»Du kannst es auch nicht lassen, oder?«, meinte Babette und grinste.

»Hallo, wir leben!«, echote Zoe, »und wer weiß wie lange noch! Schau mal, ist der nicht geil?«

Das Spielzeug, welches Zoe Babette vor die Nase hielt, sodass diese es erst einmal wegschieben musste, um es genauer betrachten zu können, war ein extrem großer Vibrator mit Perlen und irgendwelchen Stimulanzien, die sie nicht ausmachen konnte.

»Der geht ab, sage ich dir, genau meine Kragenweite. Habe ich vorhin im Bad der Praxis ausprobiert.«

»O Mann, du kannst auch nichts abwarten?«, meinte Babette und grinste. »Zeig mal her. Haben wir nicht schon so ein Gerät?«

»Nein«, meinte Zoe, »dieses hier hat zusätzlich noch eine Vorrichtung, welche deinen Kitzler regelrecht aufsaugt und dich so geil macht, dass du brüllen wirst wie eine kalbende Kuh!«

»Netter Vergleich!«, meinte Babette und grinste frech.

»Na, dann zeig mal, was das Teil da so alles kann!«

Und es war offenbar sein Geld wert. Denn als Zoe mit Babette fertig war und das Spielzeug aus ihrer Möse zog, zitterte die Frau am ganzen Körper und wisperte nur: »Verdammt, das Ding ist nicht von dieser Welt. Wer entwickelt denn so etwas? Das ist … das ist … du meine Güte, jetzt habe ich auch noch Nachwehen! Das ist nicht fair, Zoe. Du sichtest immer neues Spielzeug, hast ein Auge dafür, ich bin da einfacher gestrickt. Ich fühle mich nicht gut damit!«

»Womit?«

»Na damit, dass ich relativ wenig zu unserem Beisammensein beitrage.«

»Quatsch«, meinte Zoe empört. »Nur weil ich öfter in der Stadt bin als du? Das ist doch nun wirklich dummes Zeug. Du erregst mich durch deinen Körper, du küsst mich, du stimulierst meine Vagina und ich tue dasselbe mit dir. Hör mal auf, mit dieser Schämerei. Ich dachte, wir hätten darüber gesprochen!«

Sie zog den mit den Perlen ummantelten Vibrator aus Zoes Vagina heraus und ließ sofort ihre Zunge in diese hineinfließen.

»O Babette, wenn du wüsstest, wie ich mich nach dir verzehre! Mit oder ohne Spielzeug bist du die Frau meines Lebens. Wenn du mich verlässt … denk nicht mal daran!«

Babette zitterte am ganzen Körper, der Schweiß lief ihr den Rücken herunter, als sie unter dem intensiven Zungenschlag

Zoes kam und genoss, was Zoe so alles mit ihr machte. Sie spreizte die Beine der Freundin, legte sie sich auf ihre Schultern und führte einen kleinen Noppenfingerling in Babette hinein, den sie zuvor über ihren Mittelfinger gestreift hatte. Es war Stimulation der allerfeinsten Art und Babette wisperte: »Du treibst mich echt an meine Grenzen! Ich bin heute so oft gekommen, das ist das schönste Geschenk, was du mir machen konntest. Ich liebe dich so sehr.«

Zoe grinste, schleckte noch einmal über Zoes Vagina, wischte mit einem feuchten Tuch über den schweißnassen Rücken und argwöhnte: »Lass uns in die Wanne gehen. Ich brauche jetzt auch ein bisschen Wasser.« Sie ging vor, befüllte die überdimensionale Wanne, stellte die Sprudelfunktion ein und gab ein erotisch duftendes Badesalz hinein. Babette kannte den Duft, sie hatte ihn schon einmal irgendwo gerochen. Eine Mischung aus Patschuli, schwerem Moschusduft und etwas, was sie an Opium erinnerte.

Erschöpft sank sie in die Fluten hinein und ließ sich von der Sprudelfunktion massieren. Es war ein Rausch der Sinne, den die beiden genossen, denn auch Zoe liebte es, in diese Wanne einzutauchen, die Augen zu schließen und sich von den Massagedüsen verwöhnen zu lassen.

Danach waren beide unglaublich träge und eigentlich zu nichts mehr zu gebrauchen.

Doch der Tag hatte es verdient, ein bisschen netter zu enden, und Zoe stieg aus der Wanne, eilte in die Küche und kam mit einer Flasche Champagner zurück, die sie öffnete, und beide Frauen tranken genüsslich aus der Flasche, was nicht ohne Wirkung blieb.

Alsbald waren sie angeschickert und trieben ihre Späße im Bad, von der inneren und äußeren Wärme befeuert, ließ Zoe ihren Eingang der Lust von Babette verwöhnen. Sie hatte sich dafür eigens hingestellt und Babette umfasste genüsslich Zoes beide Pfirsichhälften, währenddessen ihre Zunge die herrlich feuchte Vagina verwöhnte.

Zoes Körper stand in Flammen, es war ihr, als würde sie innerlich verbrennen, die rehbraunen Augen sprühten Funken, sodass Babette sich beeilte, dieses Feuer zu löschen. Sie kannte Zoe.

Dauerte das Spiel der Liebe allzu lange, wurde Zoe ungehalten und forderte das, was sich gerade in ihrem Unterleib abspielte. Ein Rausch der Sinne, der sie in Atem hielt und den Babette beobachtete. Sie musste grinsen, als Zoe sich gerade noch so eben halten konnte.

Champagner floss über Zoes Körper und Babette leckte ihn zur Gänze auf. Es folgten sinnliche Küsse, erotische Fingerspiele und dann lag Zoe erschöpft neben Babette in der riesigen Wanne, spielte mit ihren vollen Brüsten und wisperte: »Hast du kleines Luder mich doch tatsächlich an den Rand der Verzweiflung gebracht.«

Sie rieben ihre Körper noch eine Weile aneinander, dann entstieg Babette der Wanne und nahm sich die vorgewärmten Badetücher von der Heizung.

Sie trocknete Zoe damit ab, rieb sie mit einer wohlriechenden Körpercreme ein, die jedoch nicht den exotischen Duft des Badesalzes überdecken sollte, und meinte dann: »Das war ein sehr schöner Abend.« Sie küsste Babette die Wangen und sagte: »Ich danke dir für alles.«

Babette lächelte und deutete auf das Schlafzimmer, welches in sanftem Frühlingsgrün gestrichen war; insbesondere Zoe hatte eine Schwäche für Grün.

Das überdimensionierte Bett bot den Gegenpart dazu, es war in sanftem Rosa gehalten und hatte einen Baldachin. Diese Wohlfühlatmosphäre war den beiden Frauen wichtig, wenn sie ins Land der Träume entglitten oder noch ein wenig spielten. Ein gewaltiger Orchideenbusch füllte das Zimmer aus, in welchem nur noch ein begehbarer Kleiderschrank und wenige Sitzmöbel zu finden waren.

Es gefiel Babette, denn sie hatte das Zimmer mit eingerichtet. Jetzt, nachdem Zoe sie sanft berührt hatte, schoss ein wahrer Sturm der Leidenschaft durch sie hindurch; nein, so konnte sie nicht schlafen. Und Babette tippte spielerisch an Zoes Kitzler, dann explodierte die Frau – es war wie ein Vulkanausbruch, der da gerade über sie hinwegrauschte. Ein unglaubliches Glücksgefühl kroch durch ihren Körper hindurch und sie schämte sich ihrer Tränen nicht, die sie nicht mehr zurückhalten konnte.

Emotionen pur waren es, die an diesem Abend auf sie eingeprasselt waren, von einem Höhenflug zum anderen waren die beiden Frauen geflogen und ganz allmählich wurden sie müde von dem erotischen Spiel. Zoe ging noch eine Flasche Wasser holen, die sie sich an die Lippen hielt und Babette tat dasselbe.

Dann küsste sie Babette auf die Lippen und wisperte: »Du bist genau das, was ich brauche. Ich werde dich immer lieben, auch noch in dreißig Jahren.«

Babette lächelte. Sie küsste Zoe auf den Mund und meinte. »Etwa hunderttausendmal habe ich das schon gehört. Jetzt lass uns schlafen, die Nacht ist kurz; zumindest ich muss früh raus. Bäume müssen markiert werden, die es dieses Jahr nicht geschafft haben; Feuerholz wird daraus gemacht.«

Zoe nickte, doch auch sie war todmüde und schlief alsbald in den Armen ihrer Frau ein, die wie immer leise schnorchelte, etwas vor sich hin brummelte und den Tag Revue passieren ließ. Sie lächelte, als sie kurz erwachte. Babette war eine wundervolle Partnerin.

***

Als der Wecker am nächsten Morgen um sieben Uhr die Frauen weckte, gähnten beide herzhaft und gingen gemeinsam unter die Dusche.

Babette fragte, was bei Zoe so alles anstand, sie hatte heute Teenagersprechstunde, die war immer recht anstrengend, weil viele Mütter Angst um ihre Töchter hatten, die mittlerweile eigentlich für sich selbst sprechen konnten, doch zumeist kamen die Mütter mit in die Praxis.

Babette grinste.

»Ja, so ist das. Manchmal wünschte ich mir auch eine Familie.« Und Zoe protestierte, dass sie doch eine habe. SIE.

Als sie aus dem Haus traten, bemerkten sie, wie schwülwarm die Luft war. Eine Gewitterfront sollte wohl aufziehen, und insbesondere Babette musste sehr vorsichtig sein, damit sie nicht von einem umfallenden Baum oder noch Schlimmerem getroffen wurde. Sie hatte dafür eine Warn-App auf dem Handy installiert, welche ihr laufend die aktuellen Wetterdaten übermittelte.

Während Babette im Wald die morschen Bäume markierte, hielt Zoe ihre Teenagersprechstunde ab, wo es in erster Linie um die Frage ging: Kann meine Tochter schon die Pille nehmen?

Oder auch um Fragen wie: Welches ist denn nun der beste Schutz, wenn meine Tochter mit einem Jungen zusammenkommt? Dauerthema seit Urzeiten und dann natürlich die erste Untersuchung auf dem gynäkologischen Stuhl, welche für die jungen Vaginen eine Herausforderung war, und für die Mädchen erst recht. Einige waren gekommen, weil sie bereits mit einem Jungen geschlafen und nun die Pille danach von ihr haben wollten. In der Regel verschrieb Zoe den Mädchen diese auch, was hatten sie davon, mit fünfzehn oder sechzehn Mutter zu werden?

Als es draußen immer dunkler wurde, der Himmel sich öffnete und sturzbachartige Regenfälle auf die Straßen fielen, hatte Zoe keine Ruhe mehr. Sie kannte das Waldstück, wo Babette heute arbeiten würde und sagte zu ihrer Sprechstundenhilfe, sie solle hier so lange die Stellung halten, bis sie wiederkäme. Sie müsse nur schnell was erledigen …

Zoe wählte Babettes Nummer auf dem Weg zum Wald – nichts. Kein Empfang. Zwar wurde der Donner allmählich weniger, doch der Himmel hing voller Geigen. Diese Wucht, mit welcher die Regenfälle vom Himmel fielen, so etwas gab es früher einfach nicht, und Zoe zitterte, als sie kurz daran dachte, dass etwas passiert sein könne, dann sah sie es:

Feuerwehr, Rettungswagen – Zoe gab Gas. Sie musste sich zwingen, ruhig zu bleiben. Wäre Babette etwas passiert, sie würde es nicht ertragen können.

Den Motor ließ sie laufen, lief zu einem Feuerwehrmann und fragte, was passiert sei: »Die Frau dort wurde von einem Blitz getroffen«, meinte er und zeigte auf die in eine Wärmedecke eingehüllt Daliegende. »Sie hat unverschämtes Glück gehabt, normalerweise überlebt so etwas niemand. Ihr Arm, er ist gebrochen, der Rettungswagen nimmt sie mit ins Krankenhaus.«

Zoe hastete zu Babette hinüber, schaute auf sie und erschrak, als sie diesen leeren Blick sah. Sie wirkte wie tot, doch sie hatte eine Kanüle im Arm und bekam Sauerstoff. Auch der Sanitäter sagte ihr, dass die Forstwirtin extremes Glück gehabt hätte. Offenbar war sie wohl automatisch in Duckstellung gegangen, ansonsten wäre der Blitz durch sie hindurchgerast. Zoe schüttelte es, ihre Zähne schlugen aufeinander und der Sanitäter fragte, ob sie etwas bräuchte.

Sie schüttelte den Kopf und lehnte sich gegen einen Baum, um all das Gesagte erst einmal zu verdauen.

Das erste Mal in ihrem Leben hatte die beliebte Ärztin Angst um das Leben ihrer Frau. Sie, die toughe Ärztin, war nur noch ein Häufchen Elend, als der Sanitäter ihr eine warme Decke über die Schultern legte. Er fragte, ob sie mitfahren wolle und sie nickte.

Es würde ein langer Weg werden, den Babette vor sich hatte. Die Ärzte waren zwar optimistisch, dass sie es schaffen würde, doch der Schock würde tief in ihr sitzen bleiben. Außerdem hatte sie sich den Kopf gestoßen, eine große klaffende Wunde, die genäht werden musste, und der Arm würde vermutlich steif bleiben.

All das würde Zoe verdauen können, wenn Babette nur nicht starb. Nur nicht sterben, betete sie immer wieder. Babette war doch alles, was sie hatte in ihrem Leben.

Was nützte ihr denn das Geld, was sie verdiente, wenn niemand da war, mit dem sie sprechen und mit dem sie spielen konnte. Es war wie eine Erlösung, als Babette kurz die Augen öffnete und sie bemüht anlächelte.

Zoe brach in Tränen aus.

Sie rief in der Praxis an, dass sie erst morgen wiederkommen würde, Babette sei von einem Blitz getroffen worden, es ginge ihr den Umständen entsprechend. Doch sie brauchte kein Mitleid, über diesen Punkt war Zoe längst hinweg, sie brauchte Babette und die kämpfte. Kämpfte darum, mit Zoe weiter zusammenzubleiben, auch wenn es dauern würde, bis sie das Krankenhaus verlassen konnte. Zoe würde sie pflegen, würde vielleicht ihre Praxis eine Woche schließen, man müsste abwarten.

***

Acht Wochen später war Babette wieder zu Hause. Ihr Arm war so gut verheilt, dass sie ihn etwas bewegen konnte, vielleicht bekamen sie ihn doch noch hin, sonst wars das mit der

Forstwirtin, zumindest im Außendienst.

Zoe hatte ihre Praxis tatsächlich für eine Woche geschlossen, um eine Krankenschwester zu organisieren, die in ihrer Abwesenheit für Babette sorgte. Sie ordnete die ganzen Papiere, die der Pflegedienst benötigte und Babette war der Freundin so unendlich dankbar, dass es nicht erklärbar war.

Als der Winter seine weiße Pracht über das Land rieseln ließ, war Babette so weit, dass sie wieder in ihren Wald konnte, Zoe hatte schon lange wieder angefangen zu arbeiten, und es war seit dem Unfall – seit so vielen Wochen – das erste Mal, dass sie sich wieder mit aller Vorsicht liebten, sich aneinanderschmiegten, sich küssten und herzten. Es war ein Bild, welches einem die Seele zerreißen konnte.

Liebe, dachte Zoe bei sich. Was für ein großes Wort, das immer wieder bemüht wird. Doch erst durch diese schwere Bewährungsprobe wuchsen sie zusammen, es wurde eine Liebe auf Lebenszeit. Keine der beiden Frauen brach aus der Partnerschaft aus und die Nachbarn freuten sich, wenn die beiden mit dem neuen Assistenzhund, der Babette das Leben erleichtern sollte, ihre sonntäglichen Spaziergänge unternahmen.

Die lesbische Domina

Mein Name ist Larissa B. und ich arbeite als Domina.

Die Männer, welche zu mir kommen, sind begeistert über meinen Erfindungsreichtum, nicht nur mit der Peitsche vortrefflich umzugehen, sondern auch andere Köstlichkeiten zu präsentieren, die Männerherzen höherschlagen lassen. Ich lasse sie schweben, dabei agiere ich einfallsreich und mein Kundenstamm wuchs und wächst immer noch stetig.

Bevor ich mich dazu entschloss, Domina zu werden, arbeitete ich bei einer großen Versicherung und musste jeden Tag mit ansehen, wie die großen Bosse in ihren piekfeinen

Maßanzügen verschiedene Geschäftszweige bedienten; während die Frauen unter Dauerstress Daten in Computer hackten und abends vor Rückenschmerzen kaum noch gehen konnten. Keine einzige Frau hatte zur damaligen Zeit einen Vorstandsposten inne.

Ich schwor mir, dies eines Tages nicht mehr mit mir machen zu lassen. Ich wollte mein Leben selbst bestimmen, deswegen kündigte ich und ließ mich von einem Bekannten zur Domina ausbilden.

Der Gedanke kam nicht von ungefähr. Er schwirrte schon länger in meinem Kopf herum, immer dann, wenn die Big-Bosse sich ihre Vorzimmerdamen zum Diktat holten, und sicherlich nicht nur das. Oftmals kamen die Damen derangiert aus dem Allerheiligsten heraus und warfen Blicke nach rechts und links, um ja nicht aufzufallen.

Mich kotzte all das an. Ich fragte Johnny, ob er mich ausbilden würde, und nach nur einem Monat war er so begeistert von mir, dass er mich fragte, ob wir nicht ein Team bilden sollten, doch ich schüttelte den Kopf. Ich hatte nicht gekündigt, um in die nächste Abhängigkeit zu verfallen.

Er akzeptierte wohl oder übel, zeigte mir noch so manch einen Trick, wie ich Männer, die schwerlich zu irgendeiner Reaktion fähig waren, doch dazu brachte, sich zu erleichtern, dazu gehörte auch das Aufdehnen der Penisröhre, was schmerzhaft war, doch bei vielen Herren hoch im Kurs stand, ebenso die Behandlung mit Kerzenwachs. Ging ich mit der Kerze etwas näher als erlaubt an die Haut heran, dann stöhnten sie vor Lust und ich fand es delikat, wie klein doch manch ein Vorstandsmitglied wurde, wenn er sich wie ein Wurm krümmte. Es dauerte, bis ich vergaß, was damals alles so abgelaufen war.

Nachdem ich meine »Ausbildung« laut Johnnys Aussage

mit gut abgeschlossen hatte, suchte ich mir geeignete Räumlichkeiten. Johnny half mir beim Einrichten, denn ich hatte nicht viel Ahnung. Es gehörte ein Klinikbereich dazu, sowie ein Abenteuerspielplatz, welchen ich gestalten konnte, womit und wie ich es bevorzugte. Ich konnte Ketten rasseln lassen, Stahlringe in Wände einmontieren und an Seilwinden die Herren der Schöpfung hängen lassen wie Brathähnchen an der Stange.

Nur, und das gab mir Johnny mit auf den Weg, biete niemals Nullachtfünfzehn-Sex an. »Es ändert sich gerade mal wieder alles in der Branche: Was früher out war, ist heute wieder in und so musst du immer mal wieder schauen, was gerade gewünscht wird. Natürlich gibt es Klassiker, aber auch Männer möchten einen Megaorgasmus bekommen, manche stehen auf extremen Schmerz, manche wollen nur deine Schuhe lecken. Das ist so, du musst in der Lage sein, jeden Wunsch zu erfüllen. Erst dann wirst du geachtet und respektiert. Verstehst du?«

Natürlich verstand ich. Die Mundpropaganda zog und spülte mir nach und nach eine gute Lebensgrundlage ins Studio, machte mich alsbald zu einer der beliebtesten Dominas der Stadt.

Wenn ich abends mit der Arbeit fertig war, zumeist arbeitete ich bis zweiundzwanzig Uhr, ging ich gern in ein nettes kleines Restaurant bei mir ums Eck, um den Tag bei einem guten Glas Wein und einer Leckerei ausklingen zu lassen. Es war keine leichte Arbeit (ziehen Sie mal einen 85-Kilo-Mann an einem Seil hoch), doch ich hatte es mir genauso ausgesucht und der Appetit war dementsprechend.

Ich war siebenundzwanzig Jahre alt. Nicht mehr lange und ich würde die dreißig sehen. Manchmal überlegte ich mir, wie all das weitergehen würde, wenn ich vielleicht zu alt für den Job würde, doch dann verwarf ich diese Gedanken wieder; ich hatte gerade erst angefangen, ich war jung und erfolgreich; und außerdem hatten mich schon Typen angesprochen, die auf ältere Frauen mit hängenden Brüsten standen. Auch da lief also noch was.

***

In meinem Lieblingsrestaurant bediente mich eine bezaubernde junge Frau, welche mich mit sanfter Stimme ansprach, was es denn sein dürfe. Meine Nackenhaare richteten sich sofort auf, so sanftmütig klang ihre Stimme und ihr Gesichtsausdruck war trotz der späten Stunde so warmherzig, dass es mir heiß und kalt zugleich wurde.

Ich räusperte mich, konnte mich kaum auf die Bestellung konzentrieren.

Ich sagte mir: SIE IST ES! DIESE FRAU MÖCHTE ICH FÜR MICH!

Ich lächelte beseelt und bestellte ein Glas Weinschorle sowie ein leckeres Schmorgericht, welches hier immer besonders gut war.

Ich hatte bereits viele Klippen umschifft, und sie waren insgesamt alle eher unangenehmer Art. Mit siebzehn kam ich unter die Haube, weil mein Vater einen Nachfolger für seine Firma suchte; mein Mann schlug mich. Nach einem Jahr waren wir wieder geschieden, doch mein Vater hatte seinen Wunsch erfüllt bekommen.

Ich zog von Undeloh nach Hamburg – ein halbes Kind noch, doch ich setzte mich durch. Ich fing bei besagter Versicherung an, und was daraus geworden war, nun ja …

Schon früh erkannte ich, dass ich nicht auf die Kerle stand; ich wäre gut genug gewesen, Kinder großzuziehen, zu mehr hätte ich nicht getaugt, also widmete ich mich sehr schnell dem anderen Geschlecht, welches mich scharf werden ließ, und da wusste ich, dass ich auf Frauen stand.

Auch wenn ich noch so jung war, es wäre nichts geworden mit diesem Mann, mein Vater hatte seinen Willen bekommen, möge er damit glücklich werden; ich hingegen ging völlig andere Wege.

Schnell merkte ich, dass ich mich zu Frauen hingezogen fühlte, arbeitete in besagter Versicherung, und es war alles andere als einfach, doch ich boxte mich durch.

Nun also saß ich in meinem Lieblingsrestaurant, beobachtete die Bedienung, welche eine Ausstrahlung hatte, die ich gern gehabt hätte. Vermutlich kam sie aus Indien oder Vietnam und war die Herzlichkeit in Person. Sie verbeugte sich vor mir, was ich noch nie gesehen hatte, kredenzte mir die Weinschorle, als wäre es der teuerste Wein der Welt und das anschließende Abendessen war einfach nur wunderbar. Voller Genuss aß ich, und sie stand neben mir und beobachtete mich. Ich lächelte und fragte, ob sie sich nicht setzen möge. Doch sie meinte, eine halbe Stunde hätte sie noch, danach wäre ihre Schicht beendet.

Eigentlich war ich nach so einem Tag einfach nur fertig. Ein leckeres Abendessen rundete den Tag zumeist ab, danach war ich bettreif, doch heute blieb ich sitzen. Als meine Bedienung den Tisch abräumte, steckte sie mir einen Zettel zu, was ich jedoch nicht bemerken sollte, da er heruntergefallen war und nun unter dem Tisch lag. Was ich allerdings bemerkte, war, dass mein Geschlecht puckerte, dass meine Brustspitzen hochempfindlich wurden und ich selbst einigermaßen desorientiert.

Diese Frau begeisterte mich vom ersten Moment an.

Als sie später endlich zu mir kam, um zu bleiben, sagte sie: »Hast du den Zettel nicht gefunden, welchen ich dir zugesteckt habe?«

Ich fingerte in meinen Taschen herum, doch da sah ich ihn unter dem Tisch liegen und zog die Brauen hoch. Da konnte ich ihn natürlich nicht finden.

Sie erzählte mir, dass sie Sojong hieße, aus Vietnam stamme und ihren Eltern das Restaurant gehöre, in welchem sie bediente und den Gästen freundlich zugetan war.

Sie sagte mir, dass sie sich nichts anderes vorstellen könne, als den Gästen des Restaurants mit Stil und Verbindlichkeit einen angenehmen Abend zu gestalten. Dafür sei sie offenbar geboren. Sie erzählte mir, sie sei fünfundzwanzig Jahre alt und wäre mit drei Jahren nach Deutschland gekommen.

Ich sah sie an, war wie geflasht von diesem Gesicht, der Warmherzigkeit und dieser Stimme, die mich nie wieder loslassen sollte. Es war eine Art Singsang, doch auf eine höchst erotische Art, dass mir die Feuchtigkeit in meine Möse schoss.

Offenbar war auch sie sehr angetan von mir. Sie fragte mich, ob ich das erste Mal das Restaurant aufsuchen würde, ich wäre ihr bestimmt aufgefallen.

Ich lachte und meinte: »Nein, eigentlich ist es mein Lieblingsrestaurant, doch ich setze mich gern in die obere Etage, wo ich sehr oft allein bin und meinen Gedanken nachhängen kann. Dort bedient ein junger Mann.«

»Mein Cousin«, klärte mich Sojong auf, lächelte unverblümt und meinte, dass es dann ja kein Wunder sei, dass wir uns noch nie begegnet wären.

Ich nickte, räusperte mich und fragte: »Sojong, könntest du dir vorstellen, mit mir noch einen kleinen Spaziergang zu unternehmen?«

Als wir eine Weile gegangen waren, denn Sojong hatte eingewilligt, legte ich eine Hand auf die ihre und das Feuer brannte in mir. Ich sagte ihr, dass wir uns gesucht und gefunden hätten, doch Sojong blieb distanziert. Auch war sie unfähig, darauf etwas zu entgegnen, nickte nur und wir küssten uns zum allerersten Mal.

Am nächsten Abend ging ich wieder in das Restaurant

und Sojong kam sofort auf mich zu. Platzierte mich an einen Tisch, an welchem ich nach draußen schauen konnte, ließ mich Platz nehmen und empfahl mir ein Risotto aus Pfifferlingen in Kombination mit gedünstetem Reis und einer locker-leichten Rotweinsauce.

Ich lächelte. Das hört sich ja fabelhaft an, und Sojong meinte, dass sie den Rotwein dazu auswählen würde.

Gern erfüllte ich ihr den Wunsch. Das Essen und der Wein waren exzellent aufeinander abgestimmt. Ich konnte wohl mit Fug und Recht sagen, dass ich selten so gut gegessen hatte wie an diesem Abend. Sojong bedankte sich mit einer tiefen Verbeugung und ich errötete stark. Ich war so etwas einfach nicht gewohnt.

Trotzdem lächelte ich verführerisch. Und als ich bezahlen wollte, meinte sie: »Geht aufs Haus, alles in Ordnung.«

Die Welt schien sich ein wenig schneller zu drehen. Mir wurde schwindlig, ob vom Wein oder von Sojongs Ausstrahlung wusste ich nicht zu sagen. Sie erzählte mir von ihrer Heimat Vietnam, erzählte von ihrer Großmutter, bei der sie aufgewachsen war, als ihre Eltern längst in Hamburg an dem Konzept arbeiteten, eine Restaurantkette aufzubauen. Heute besaßen sie zwei Restaurants, doch es gebe reichlich Reibereien zwischen ihren Eltern und ihr.

Ich nickte und meinte, dann wäre sie sozusagen Mitinhaberin von zwei gut gehenden Restaurants.

»O nein!« Sojong schüttelte den Kopf. »Ich bin nicht dazu gemacht, in der ersten Reihe zu stehen, ich bin geboren, um zu dienen, zu bedienen und zu schauen, dass es den Gästen gut geht. Meine Mutter ist die Chefin, selbst mein Vater ordnet sich ihr unter.«

»Also doch wieder die ewige Dienerin?«

»Wenn du es so ausdrücken willst, ja!«

Sojong lachte nicht, sie blickte ernst drein.

»Weißt du, man muss nicht zwingend in der ersten Reihe stehen, um etwas zu bewirken. Wir Frauen bilden uns vielleicht so manches ein. Es genügt doch völlig, die Kraft und die Ausstrahlung zu besitzen, es irgendwann tun zu können! Das allerdings traue ich mir ohne Weiteres zu! Verstehst du? Ich habe Spaß am Leben, bin zufrieden in meinem Job – warum sollte ich etwas ändern? Bin ich nicht zufrieden, fließt nur schlechtes Karma durch mich hindurch und das möchte ich tunlichst vermeiden!«

So hatte ich das noch nie gesehen. Doch Sojong hatte recht. Warum etwas ändern, wenn es einem damit gut ging? Ob ich nun in der ersten, zweiten oder dritten Reihe stand, war doch völlig egal.

Dieser Satz sollte sich tief in mein Hirn einprägen und mich noch über Jahre beschäftigen.

»Lass uns gehen, bitte!«, sagte ich zu ihr. »Der Abend ist lau und wunderschön, ich würde gern mit dir um die Alster flanieren, hier im Lokal ist es sehr warm.«

Sojong widersprach nicht.

Sie stand auf, schlang sich ein leichtes Tuch um die Schultern und strahlte allein dadurch eine Erotik aus, die mich träumen ließ, die mich zu ihr aufsehen ließ. In diesem Augenblick war ich sicherlich keine Domina, sondern eine schwer verliebte Frau, die sich eingestehen musste, um diese Frau kämpfen zu wollen, denn gehen lassen würde ich Sojong nicht mehr.

An der Alster war es an diesen letzten Sommertagen auch am späten Abend ziemlich wuselig, sodass wir uns letztlich in die Bahn setzten und zum Stintfang fuhren. Dort im Hafen zu sitzen, den großen Pötten beim Löschen zuzusehen, das war eine ganze besondere Stimmung, die ich immer wieder gern genoss.

Hell erleuchtete Terminals ließen nur schwer den Sternenhimmel erkennen, aber gelegentlich sah man einen Stern. Der Sand war noch warm von der Hitze des Tages, und ich küsste Sojong, warf sie spielerisch in den Sand und wisperte: »Ich glaube, ich habe mich verliebt.«

»Oh, ein großes Wort, womit man vorsichtig agieren sollte«, erwiderte Sojong.

»Du gefällst mir ja, aber Liebe …«

Ich muss gestehen, ich war enttäuscht, sehr sogar. Aber sie lächelte und meinte, das wäre ihre Auffassung, und prinzipiell war es mir auch egal.

Ich lud sie zu mir nach Hause ein und Sojong willigte ein. Offenbar spürte sie diesen Spirit in mir und sagte mit einem gehörigen Schuss Humor: »Was du einmal in die Finger bekommst, lässt du offenbar so schnell nicht wieder los, hmh?«

Da sei etwas dran, bekannte ich, und wir trennten uns erst, als die Nacht bereits fast vorüber war. Ich küsste sie zärtlich und sie sagte mir, dass sie sich zeitnah bei mir melden würde. Wir hielten uns bei den Händen und sie fragte, ob ich enttäuscht wäre, weil sie Liebe für ein allzu großes Wort hielt.

Ich schüttelte den Kopf.

»Nein, ganz im Gegenteil«, erwiderte ich, »es ist richtig, einen Flirt und Liebe auseinanderzuhalten. Ich allerdings suche keinen Flirt für eine Nacht, ich suche die Frau fürs Leben.«

Das ließ Sojong denn doch aufhorchen, und sie führte ihre Hände zusammen, machte eine kleine Verbeugung und bedankte sich für den wundervollen Abend. Sie freute sich auf den Beginn einer erotischen Freundschaft.

***

In der nächsten Woche trafen wir uns. Sie sah sich in meiner Wohnung um und war sehr angetan von dem gemütlichen

Heim. Ich bewohnte eine siebzig Quadratmeter große Wohnung, hatte Wert darauf gelegt, dass diese im Erdgeschoss lag, und nicht allzu weit von meinem Studio. Nichts hasste ich mehr als lange Anfahrtswege. Doch alles hatte sich zu meiner Zufriedenheit gefügt und so meinte Sojong: »Wirklich gemütlich. Du hast einen ausgezeichneten Geschmack.«

Ich bedankte mich bei ihr und küsste sie auf den Mund, knabberte an ihrer Unterlippe und wisperte: »Willkommen in meinem Leben.«

Sojong streifte sich das Kleid von ihrem perfekten Körper und ich stöhnte leise auf, als ich ihre makellose Haut scannte, welche sie offenbar mit einem blumig-duftenden Puder eingestäubt hatte, es roch unglaublich verführerisch.

Ich hingegen schwitzte und war maßlos erregt. Diese Frau hatte alles zu bieten, was ich mir jemals erträumt hatte. Mit spitzer Zunge fuhr ich in ihren Mund hinein, küsste sie sanft, leckte über ihren Busen und hielt sie wie ein Baby in meinen Armen.

Wir rieben unsere Brüste aneinander, Sojong legte ihre Arme um meinen Hals und knabberte an meinen Ohren. Ihre Finger waren in stetiger Bewegung, und alsbald machten sie sich auf, meine Vagina zu untersuchen.

Wir zwei pressten unsere Körper fest aneinander. Wir liebten es, uns aneinander zu reiben und ich zerbarst vor Glück, als ich einem Orgasmus erlag, welcher meine Feuchtigkeit zu verdoppeln schien. Ein leises Wimmern entrang sich meiner Kehle.

Ich liebte diese sexuelle Variante, die mich nach einem anstrengenden Tag runterbrachte, denn ich musste mich oft zusammenreißen, um meine Kunden nicht wie Vieh zu behandeln. Oftmals waren die Wünsche so extrem, dass selbst ich mich beherrschen musste.

Aber in dieser Nacht wurde auch bei uns viel gestöhnt und gequietscht, es wurden Worte ausgesprochen, die ich sonst nicht in den Mund nahm. Sojong lächelte darüber und meinte: »Du bist schon ein ganz schön geiles Luder.«

Ich widersprach nicht.

»Ich kann eben nicht widerstehen, wenn ich eine so süße Maus wie dich in meinem Haus habe«, sagte ich und schnalzte mit der Zunge, rieb ihre Brüste an meinen und die Leidenschaft erwachte.

Funken sprühten und ich quietschte laut auf, als sie mehrere Finger in meine Vagina presste, fast schon Fisting, doch eben nur fast. Trotzdem bekam ich den geilsten Orgasmus meines Lebens, mein Haar war schweißnass und Sojong war der lebende Beweis dafür, dass man ohne viel Tamtam sehr glücklich sein konnte. Meine Begierde nach dieser Frau wuchs von Minute zu Minute; ich begehrte sie, wie ich keine andere Frau vor ihr begehrt hatte.

Ihr Geschlecht war so herrlich feucht, so anmutig anzuschauen. Ihre Labien lugten keck aus ihrem Epizentrum hervor. Meine Zunge vollbrachte Höchstleistungen und ich ließ Sojong träumen, saugte ihre Körperflüssigkeiten auf, ließ mich einfach auf sie ein. Ich fühlte mich wie ein wildes Weib, welches nicht genug Sex kriegen konnte, und plötzlich war da ein Schal im Spiel – woher sie ihn genommen hatte, wusste ich nicht.

Sie grinste mich an, wickelte ihn wie einen Zopf und presste ihn gegen meine Möse. Mit dem Seidenschal befriedigte sie mich und ich musste mich beherrschen, um diesen Schal nicht um ihren Hals zu wickeln, wie ich es in meinem Studio getan hätte. Leidenschaft pur. Flammen der Lust loderten wild in mir, und ich schmeckte Blut in meinem Mund. Vor lauter Erregung hatte ich mir in die Zunge gebissen. Delikat, einfach delikat.

***

Gegen zwanzig Uhr knurrte uns der Magen. Wir wollten eine Kleinigkeit essen und natürlich hatte ich etwas vorbereitet. Ich sagte zu Sojong, sie möge schon mal auf die Terrasse gehen, wo ein Minikühlschrank stand, in welchem ich Wein, gefüllte Lorbeerblätter und leckere Salate bereithielt.

Sojong war begeistert. Sie liebte es, wenn man sich vorbereitete, das bedeutete für sie Gastlichkeit und man überließ nichts dem Zufall. Ich tat ihr Salat auf einen Teller, die gefüllten Weinblätter waren eine Delikatesse, doch ich hatte sie nicht selbst gewickelt, sondern aus einem griechischen Restaurant kommen lassen, sowie den Salat und das Fladenbrot. Aber es schmeckte äußerst delikat und der Wein war ebenfalls wohltemperiert. Der Abend ging in die Nacht über und Sojong sprach die Liege an, die ich mir zugelegt hatte, weil ich es nervig fand, immer von diesen engen Dingern herunterzufallen.

Diese hier bot Platz für zwei, notfalls auch für drei Personen und war von meinem Freund Mike gezimmert worden. Man konnte sich herrlich darauf ausbreiten und so meinte auch Sojong: »Ideal, für einen Sommerabend voller Liebe. So eine Fläche, das ist echt super. Sex in lauen Sommernächten – hmh, das ist etwas, was mich schon wieder scharfmacht.«

Sie saß mit gekreuzten Beinen auf der Liege, ließ mich in ihr Himmelreich schauen, doch machte sich wenig daraus. Ich bewunderte die Frauen immer, bei denen es so leicht wirkte, die Beine übereinanderzubekommen, mir gelang dies höchst selten.

Sie wollte es mir beibringen, doch sie sagte mir, ich sei viel zu steif und ich bräuchte zuerst einmal eine ayurvedische Massage. Sie würde ihrem Cousin Bescheid geben, der darin ein wahrer Meister war.

Ich grinste und meinte, das höre sich wundervoll an, denn

ich hatte schon sehr viel von Ayurveda gehört und war entsprechend neugierig.

Sojong griff nach meinem Haar, flocht mir einen Zopf und zog mich mit sich. Sie hatte ihre ganz eigene Stimulationstaktik, doch für mich war dies bereits Lustschmerz, hocherotisch. Binnen Sekunden leckte sie bereits meine Klit und ließ mich kommen. Es war ein Noppenfingerling, welchen sie eingesetzt hatte und der mich antörnte. Auf dem Höhepunkt der Lust angelangt, war ich unfähig, etwas zu sagen oder gar etwas zu denken.

***

Als ich Sojong noch nicht kannte, war ich eine Jägerin. Ich trieb mich in Bars und Lesbenclubs herum, sprach Frauen an, die ich zu mir einlud und nach einem heißen Abend voller Sex wieder von mir stieß.

Eigentlich fand ich es nicht appetitlich in den Clubs rumzuhängen und Whisky oder Gin zu trinken, doch auch ich hatte meine Bedürfnisse und ich wollte nicht zu einer Domina werden, die nicht mehr lachen konnte, oder keinen Spaß am Leben hatte.

Also wurde eine Nacht gevögelt, was das Zeug hielt, und danach stieß ich die Frauen wieder weg. Bis ich Sojong traf …

Sie war etwas ganz Besonderes. Sie würde mein Herz erobern, da war ich mir ganz sicher. Das allererste Mal erzählte ich ihr von einem Traum, der mich seit Jahren verfolgte. Ich schwamm in meinen eigenen Körperflüssigkeiten, tauchte ein in diesen Swimmingpool aus Lust und Leidenschaft und dieser Traum wiederholte sich stetig.

Sojong wog den Kopf hin und her, meinte, ihre Großmutter sei eine weise Frau, sie könne mir vielleicht helfen.

Als sie das nächste Mal bei mir war, berichtete sie mir, dass sie mit ihrer Großmutter telefoniert und ihr meinen Traum erzählt habe. Sie habe sofort gesagt, dass ich zwischen zwei Welten hin und her pendele. Ich träumte davon, dass es irgendwann eine Welt werden würde und die Körperflüssigkeiten würden auch nicht von mir kommen, sondern es wären Unmengen von Sperma, in denen ich mich suhlte.

Ich war entsetzt, errötete stark, mein Puls raste, ich schämte mich abgrundtief, doch Sojong nahm das alles völlig gelassen.

»Meine Oma hat das siebente Auge«, sagte sie, »sie hat schon oft richtig gelegen, und sie wird auch bei dir richtig liegen. Seit wir uns kennen, habe ich das Gefühl, dass du mir noch nicht alles gesagt hast.«

Wieder errötete ich und sagte leise: »Es stimmt, deine Oma hat recht. Ich bin eine Domina, peitsche am Tag Männer aus, bin ihnen allerdings nicht zu Willen, sondern treibe sie mit Qualen zu einem Orgasmus oder eben nicht. Wie es gewünscht wird.« Ich lachte leicht hysterisch, doch Sojong nahm mich in den Arm und meinte. »Ist doch prima! Wenn du damit leben kannst, ist doch alles okay. Ich habe dir einmal erzählt, dass man nicht immer in der ersten Reihe stehen muss; du stehst in der ersten Reihe, aber bist offenbar trotzdem nicht vollends zufrieden. Schaff dir Freiraum, du kannst das jetzt. Du bist keinem Chef mehr untertan. Ich kann damit umgehen«, meinte Sojong. »Ich verstehe nur nicht, warum du so lange gezögert hast, mir zu erzählen, welchem Job du nachgehst.«

»Weil ich Schiss hatte, dass du abhaust«, schrie ich ihr ins Gesicht. Dann griff ich nach ihr, küsste sie hart auf den Mund und sagte: »Verzeih mir, aber ich hatte keinen Arsch in der Hose, es dir zu beichten.«

»Wie konnte deine Großmutter sehen, dass ich ein zweites Gesicht habe?«

Sojong kicherte. »Ach, das ist so eine Sache mit meiner Oma.

Sie sieht vieles, kann aber auch schweigen, außerdem lebt sie in Vietnam, du brauchst dich also nicht weiter zu erklären.«

Sojong nahm einen Seidenschal von einer Liege, drückte diesen in mein Lustzentrum und fuhr damit immer wieder hinauf und hinunter. Es war so erregend für mich, dieses Spiel war so wunderschön, dass ich kurz vor einem Vulkanausbruch stand. Meine Gefühle fuhren Achterbahn, die Stöhnlaute, die ich produzierte, ergötzten Sojong aufs Äußerste.

Mein Körper brannte wie die Fackeln, die ich im Garten angezündet hatte, und ich bäumte mich auf, wie eine eigensinnige Stute, die nicht genug bekommen konnte von diesem Liebestaumel.

»Ich glaube, dass ist das Schärfste, was ich je erleben durfte«, wisperte ich, »ich liebe dich Sojong.«

Doch die hob warnend den Finger. »Verwechsle Sex niemals mit Liebe!«, ermahnte sie mich, »du wirst nur allzu oft enttäuscht werden.«

»Auch wenn ich dir sage, dass ich dich nie wieder gehen lasse?«, wisperte ich.

»Auch dann nicht«, meinte Sojong, »aber wir sollten uns unsere gute Laune nicht mit solchen Themen demontieren. Vielmehr sollten wir ein Bad nehmen, uns reinigen, bevor wir uns weiter lieben. Bei uns in Vietnam gäbe es so etwas gar nicht. Stundenlanger Sex ist schweißtreibend und wir reinigen uns zwischendurch.«

»Da spricht die Vietnamesin aus dir.«

Sie stellte die Dusche an, und ich brauchte nicht lange, um zu registrieren, wie gut es tat, sich den Schweiß vom Körper zu waschen und sich eine kleine Weile zu erholen. Ich fühlte mich herrlich erfrischt.

Es war viel passiert an diesem Tag, viel auf mich eingeströmt, und meine Haut wurde jetzt von Sojong verwöhnt, sie rieb meinen Körper mit einem Luffahandschuh ab, öffnete meine Poren und rieb mich dann mit einer wohlriechenden Creme ein.

Nur wenige Augenblicke später rieben wir unsere Mösen aneinander, wir masturbierten sogar, wollten schnell zum Orgasmus kommen. Dabei sahen wir uns tief in die Augen, die Luft war zum Schneiden dick und ich wünschte mir, dass dieses Gefühl ewig andauern würde.

Ich spürte die unendliche Liebe und Zuneigung zu einer Frau, die mir multiple Orgasmen schenkte und die meine Möse unter eine Dauerbefeuerung legte. Es war ein Spiel der unbändigen Lust; Flammen der Begierde tanzten auf meinem Körper, megafeuchte Mösen zogen uns in ihren Bann. Es war ein stetiges Geben und Nehmen. Wir spreizten unsere Beine, leckten unsere Mösen, so lange, bis uns die Luft wegblieb und wir lachend ins Gras fielen.

Sojong war eine Geliebte wie aus dem Bilderbuch. Sie verlieh einem den ultimativen Kick und ihre geschickten Hände weiteten meine Möse so extrem, dass ich dachte, ich würde gefistet werden. Doch sie ließ Champagner über meinen Schamhügel laufen, in meine Vagina hinein und sog das köstliche Getränk daraus heraus.

Ich kann nicht beschreiben, was es für ein Gefühl war, dies genießen zu dürfen. Unglaubliche Erregung ergriff von mir Besitz, ich brannte lichterloh, und Sojong konzentrierte sich so sehr darauf, mir einen Orgasmus zu schenken, dass sie gar nicht ansprechbar war. Es lag unglaublich viel Elektrizität in diesem Abend. Er war wunderschön und wenig später kuschelten wir uns in eine dicke Decke und genossen den Sternenhimmel auf der Terrasse.

Momente des Glücks, anders konnte man es nicht bezeichnen. Die Lust ausgelebt, jetzt der Blick auf den Sternenhimmel, auf den Mond, der fast rund auf uns hinunterblickte. Wir waren viel zu aufgeregt zum Schlafen und Sojong stand plötzlich auf und ging durch den Tau, legte sich danach wieder hin und schlief einige wenige Stunden.

Als ich munter wurde, war sie bereits aufgestanden, hatte sich in Qigong geübt und meinte: »Also fürs Gastrogewerbe wärst du die reinste Katastrophe. Mein Cousin ist schon um vier Uhr aufgestanden und zum Großmarkt gefahren, um zu sehen, was es heute so alles gibt.«

Ich hatte noch sehr kleine Augen, als ich ins Bad ging, mich duschte und mich schminkte, um allmählich in den Tag hineinzufinden. Als ich aus dem Bad herauskam, pfiff Sojong durch die Zähne.

»Wow, du siehst völlig anders aus. Also doch das Zweite Gesicht!« Sie grinste.

Dabei hatte ich lediglich Make-up aufgelegt. Die Korsagen, Latexoveralls und durchsichtigen Dessous wollte sie gar nicht sehen, weil dann ihre Illusion zerstört würde, sagte sie mir. Da verstehe einer die Frauen.

Sie wollte mich in einem hübschen Kleid sehen oder in Schlabberhosen und einem Oversize-T-Shirt, so könne sie sich in mich verlieben. Gewissermaßen lebte und arbeitete sie ebenfalls in einer Parallelwelt. Sie trug Uniform … bewirtete Gäste, fragte nach ihrem Wohlbefinden, eigentlich tat ich auch nicht mehr, nur eben mit anderen Mitteln. Wir hatten beide Berufe, in denen wir Gäste auf ganz besondere Art und Weise verwöhnten.

»Du bist wunderschön«, sagte sie, »du brauchst dich gar nicht zu schminken, du siehst auch so ausgezeichnet aus.«

Ich lachte und sagte: »Na ja, das verlangt eben mein Job. Aber mich kümmert es nicht, ich mache mich gern zum Clown, wenn ich dadurch nur gewinnen kann.«

Sojong grinste.

Dann verabschiedeten wir uns voneinander und Sojong lud mich zum Essen bei ihren Eltern ein, die mich kennenlernen wollten. Es würde ein typisch vietnamesisches Essen auf mich warten und ihre Eltern wären sehr gespannt auf mich.

»Sollte ich mich darauf freuen?«

Die Frage stellte ich mir tatsächlich, denn ich war nicht wirklich scharf darauf, mich wie ein Schulmädchen den Eltern meiner Freundin vorzustellen. Ich wählte ein sittsames Kleid, dazu Pumps, trug Baumwollwäsche, sollte irgendein Unglück passieren und darunter sexy Wäsche hervorlugen.

Doch alles verlief sehr harmonisch. Die Eltern von Sojong waren die Höflichkeit in Person, sie fragten nicht viel, sondern servierten die Vorspeise, welche aus einer scharfen vietnamesischen Suppe bestand, danach tranken wir Schnaps, der die Schärfe der Suppe neutralisierte, als Hauptgericht gab es gebackene Hühnerschenkel, welche ebenfalls hervorragend schmeckten.

Doch danach ging es los.

Sojongs Eltern fragten mir Löcher in den Bauch, ich antwortete eher vage, wollte nicht unbedingt zu viel von mir preisgeben, erzählte von meinem Leben, bevor ich Sojong kennengelernt habe und dass ich einen kreativen Beruf ausübte, was nicht gelogen war. Oftmals verzauberte mich mein Beruf sogar, immer dann, wenn ein Mann sich vor mich legte, sich als Hund sah oder einfach nur an meinen High Heels lecken wollte; das waren die Schmusetypen, wie ich sie nannte. Schlimmer waren dann schon diejenigen, die sich erst wohlfühlten, wenn sie Schläge kassierten oder sich mit dem nackten Hintern auf ein heißes Blech setzten.

Aber all das erzählte ich natürlich nicht, es blieb mein Geheimnis, und die Eltern waren wohl auch nicht scharf darauf, alles zu erfahren. Wir waren einfach zwei Mädels, die sich gefunden hatten, die unter ihrer Lust schier zerbarsten, die von einem Höhepunkt zum anderen flogen und sich nicht mehr voneinander trennen ließen.

Den Eltern sollte es recht sein, denn ich war ihnen offenbar sympathisch und Sojong hatte schon viel von mir geschwärmt – natürlich würden sie unserer Freundschaft nicht im Wege stehen.

Eigentlich hatten wir vorgehabt, in die Sauna zu gehen, um uns zu reinigen und einen Rausch der Sinne zu spüren. Wir gingen dann doch auf eine Wiese, wo wir im Schutz von dicken Eichen unsere Liebe weiter ausbauten.

Sanft blies ich über Sojongs Körper hinweg und sie öffnete mir bereitwillig ihre Pforte zum Glück. Mit einem Finger reizte ich diese und sie öffnete immer weiter ihre Beine. Das Gras duftete herrlich, die Eichen gaben uns Sonnenschutz und als ich einen Finger in Sojongs Geschlecht hineinpresste, diese unsagbare Nässe spürte, da war es mir, als befände ich mich tatsächlich in einem Rausch der Sinne.

Als kleines Mädchen hatte ich so etwas einmal erlebt, als ich einem Frosch das Leben rettete und er danach dann doch von einem Auto überfahren wurde. Der Rausch der Sinne hielt damals nicht lange, dafür war er heute voller Zärtlichkeit, voller Lust und der warme Sommerwind tat sein Übriges.

Ich kann nicht sagen, was es war, aber wir hatten kein Gegenmittel parat, das dafür sorgte, uns nicht zu lieben. Selbst Sojong musste sich eingestehen, dass nun wohl doch der Zeitpunkt gekommen war, an welchem sie sich erklären musste, und sie tat es in Form eines Geschenkes.

Eines kleinen Buddhas, welcher uns Glück bringen würde. Sie sagte, sie wäre felsenfest davon überzeugt, und ich küsste sie ungestüm und meinte euphorisch, dass wir dafür aber einen Altar bräuchten.

Weniger später trat ich dem hinduistischen Glauben bei, und nichts konnte diese Entscheidung toppen. Sojong war so stolz auf mich, dass ihre Pforte zum Glück so feucht war, dass sie kaum die Prozession aushielt. Erregt bäumte sie sich auf, als wir zu Hause waren. Die Prozedur hatte nicht wirklich lange gedauert, Gäste kamen erst am Wochenende und so liebten wir uns voller Inbrunst und unsäglicher Gier.

Wir hatten einander in gewisser Weise bereits die Treue geschworen, indem ich den Glauben von Sojong angenommen hatte. Es konnte nicht anders kommen, als es schließlich kam. Wir wurden ein Paar, Sojong meine Geschäftspartnerin, die allerdings nur darauf achtete, dass die Kasse stimmte, und eine Frau namens Kira wurde meine Assistentin, denn allein war der Betrieb nicht mehr zu bewältigen.

Sie hatte die Erfahrung, ich die Ausstrahlung und Sojong den Geschäftssinn. Was sollte also noch passieren?

Gar nichts. Wir zwei, oder besser gesagt, drei, blieben lange Zeit in der Erfolgsspur, ließen uns immer etwas anderes einfallen, waren auf Erotikmessen in der ganzen Welt zu Gast, um die neuesten Trends zu bestaunen, zu kaufen oder einfach zu sagen: nichts für uns.

Was wir auch taten, es wurde ein Erfolg. Zum allerersten Mal fühlte ich mich bei Sojong wunderbar aufgehoben und geliebt. Wir waren jetzt bereits eineinhalb Jahre zusammen, das Geschäft brummte und trotzdem nahmen wir uns abends die Zeit, uns zu lieben, in uns zu gehen. Wir gebärdeten uns mal extrem, dann wieder schwollen wir vor Lust und Leidenschaft fast über. Aber niemals geiferten wir uns an, niemals war der Altersunterschied ein Thema zwischen uns und niemals flogen wir höher, als wir dazu bereit waren.

Nun standen wir in der ersten Reihe. Sojong hatte recht gehabt; es war nicht anders als in der dritten oder vierten

Reihe zu stehen. Kira wurde in unsere Mitte genommen und sie entwickelte sich prächtig. Sie war mir eine große Hilfe, ebenso wie Sojong, und irgendwann, wie aus dem Nichts heraus, waren wir plötzlich zu dritt.

Kira hatte sich still und leise immer enger an uns geklammert und wir ließen es gern zu.

Nur eine Bedingung hatten wir: Während dieser Zeit wurde nicht über das Geschäft gesprochen; wir liebten Frauen und so sollte es auch bleiben – egal welchem Beruf wir nachgingen.

Das lesbische Escortgirl

Fabienne Le Cord arbeitete bei einem Escortservice, welcher sich ausschließlich auf Frauen spezialisiert hatte. Sie war eine bildhübsche Mittzwanzigerin, hatte volles weiches Haar, welches sie schwarz gefärbt hatte und das in Wellen bis über die Schultern fiel. Ihre Augen standen ein wenig eng beieinander, was ihr Gesicht jedoch noch interessanter wirken ließ. Sie trug Kleidergröße sechsunddreißig, war einen Meter siebzig groß und wurde sehr oft gebucht.

Bei dem Escortservice, bei welchem Fabienne unter Vertrag war, legte man allerhöchsten Wert auf Stil, Modebewusstsein sowie Charme, man musste sich einfach auf jede Gelegenheit und auf jede Frau einstellen können.

Sehr viele betuchte Frauen bestellten bei diesem Service. Mal ging es für eine Woche zum Wandern, dann wiederum zu einem exquisiten Abendessen, aber auch der Sex kam nie zu kurz. Das Vergnügen war zumeist auf beiden Seiten zu finden.

Fabienne genoss die Welt der Reichen, in die sie aus eigener Kraft nie hineingekommen wäre. Sie war sehr beliebt, entsprechend oft wurde sie angefragt, und ihr Terminkalender war stets gut gefüllt. Fabienne verfügte über ein ruhiges, angenehmes Wesen, was bei den Kundinnen ausgezeichnet ankam. Ihre Chefin hörte zumindest nur Lob, sie war stolz auf Fabienne, denn sie hatte sie selbst ausgewählt, als sie strubbelig und etwas heruntergekommen vor ihr stand, und nach Arbeit fragte. Was sie aus der jungen Frau herausgeholt hatte, war auch ihr Verdienst.

Fabienne selbst war alleinstehend, wohnte nicht allzu weit entfernt von ihrer Arbeitsstelle und hatte als einzigen Wohnungsgenossen ihren Kater Struppi. Sie selbst hatte wenig Lust auf Beziehungen; sie traf bei ihrer Tätigkeit so viele Damen unterschiedlicher Couleur, sodass sie, hatte sie frei, froh darüber war, im Jogginganzug auf ihrem Balkon zu sitzen und ein gutes Buch zu lesen.

Derzeitig kam eine feste Beziehung für Fabienne nicht infrage.

***

An diesem Wochenende hatte sie Dienst und war von einer Frau namens Lea de Concelle gebucht worden. Für einen kompletten Samstag, von zehn Uhr morgens bis zehn Uhr abends. Was Fabienne freute, denn es spülte auch bei ihr Geld in die Haushaltskasse, und zum anderen brauchte sie sich nicht andauernd auf neue Klientinnen einzustellen. Zwar fiel das nicht schwer, so war es jedoch wesentlich angenehmer.

Bevor Fabienne zu ihrer Kundin fuhr, erkundigte sie sich bei der Chefin, ob etwas bekannt wäre, was sie wissen müsste, doch Natascha schüttelte den Kopf. »Sie war relativ kurz am Telefon, hat im Voraus gezahlt, hielt sich ansonsten bedeckt. Sie ist das erste Mal bei uns, also zeig dich von deiner besten Seite. «

Fabienne lachte. »Muss ich gar nicht, ich hab nur eine …«

Natascha grinste. Diese Frau war ein wahrer Glücksgriff. Als sie sie das erste Mal richtig angesehen hatte, wusste sie, dass sie ihr Geld wert war.

»Dann werden wir mal sehen, was die Dame von mir möchte, wenn sie sich schon einen ganzen Tag gönnt. Ich hoffe, dass wir diesen nicht nur im Bett verbringen werden.«

Ein maliziöses Lächeln huschte über Nataschas Gesicht und sie erwiderte: »Meine Liebe, das glaube ich weniger. Ich bin gespannt, was du mir berichten wirst.«

***

Fabienne selbst machte keine Unterschiede zwischen Frauen, die neu waren und solchen, die schon einige Jahre bei dem Escortservice buchten. Sie waren ja nicht der einzige Service in dieser Stadt, und so gab es reichlich Auswahl.

Es kam nicht oft vor, doch manchmal suchte jemand eine Urlaubsbegleitung, das andere Mal buchte man für einen Theaterbesuch oder eine berufliche Vortragsreihe, wo man einfach nicht allein erscheinen mochte.

Dieser Beruf war so vielschichtig und interessant, auch wenn er noch immer von einigen belächelt wurde. Fabienne würde Lea ebenso souverän behandeln wie eine langjährige Stammkundin. Dafür stand sie, auch wenn sie jetzt nebenbei etwas auf ein Blatt Papier kritzelte, was noch zu erledigen wäre.

Ein Friseurtermin, der Kosmetiktermin nicht zu vergessen, sowie Enthaarung und Depilation, vielleicht noch ein paar wenige neue erotische Wäschestücke. Eine Frau war vor wenigen Wochen so liebestoll gewesen, dass sie Fabienne als Dankeschön einen zweiwöchigen Urlaub in Sankt Moritz schenkte.

Fabienne wollte die großzügige Gabe erst gar nicht annehmen, doch die Frau bestand darauf, sie sagte, sie könne es sich nun endlich leisten, da ihr Mann das Zeitliche gesegnet habe und sie brauche sich auch nicht zu bedanken. Sie müsse es tun, denn durch sie habe sie gelehrt, wie Liebe geht. Im Grunde waren sie alle eine große Familie, und viele Kundinnen wussten bereits im Vorfeld, welche Dame sie heute ausführen würden. Fabienne selbst machte es viel Vergnügen, immer wieder neue Leute kennenzulernen. Sie wusste sich bei einem Gala-Diner zu benehmen, aber auch in einem Swingerclub, wo ganz andere Regeln herrschten.

Gar nicht so selten kam es vor, dass sich viele Frauen einfach mal so richtig auf der Couch gehen lassen wollten, dann war natürlich für Fabienne auch ein Jogginganzug angesagt. Wenn rumgelümmelt wurde, kam es eher zum Sex, als wenn eine Frau der gehobenen Schicht jemanden buchte, der sie zu diversen Veranstaltungen begleitete. Fabienne liebte beides. Sie trug immer einen kleinen Koffer bei sich, dadurch geriet sie nie in Verlegenheit.

Mittlerweile war sie auf alle Eventualitäten vorbereitet, man lernte stetig dazu in diesem Beruf. Keine Veranstaltung, kein Vortrag noch irgendwelche hochtrabenden Lesungen konnten sie noch schocken, ein Abend zu zweit erst recht nicht. Mittlerweile hatte sie sich selbst im Griff und war auf die Kundinnen gut eingestellt.

»Mach's gut, Natascha. Ich melde mich zwischendurch, okay?«

Ihre Chefin nickte, trug Fabienne als gebucht in ihr Büchlein ein, und diese griff zu ihrer Sporttasche, welche stets in ihrem Spind lag. Training gehörte einfach zu ihrem Job dazu.

Festes Fleisch musste sein, aber auch ein gewisses Muskelspiel konnte überaus reizvoll sein. Zu viel war ein absolutes No-Go in dieser Branche. Tattoos wurden bei einigen Damen der Gesellschaft auch nicht gern gesehen, doch hatte Natascha sich angewöhnt, mehrere Mädchen auch mit Körperschmuck zu vermitteln; das kam überraschend bei einer gewissen Klientel an.

Währenddessen schwitzte Fabienne bereits auf dem Stepper und ihre Trainerin war der Meinung, sie solle mehr für ihren Oberkörper tun, der könne durchaus etwas mehr Spannung vertragen.

Und so übte sich Fabienne im Hanteltraining, was ihr sehr viel Spaß brachte, hob Gewichte und mühte sich auf dem Laufband ab. Fabienne liebte ihren Job als Escortgirl, auch wenn sie Sport nicht so gern trieb, doch der gehörte einfach dazu.

Als sie einmal mit einer Dame nach Verona geflogen war, nur um für wenige Stunden einer Oper zu folgen, wusste sie, dass sie Rasse mit Klasse verbinden musste, um in diesem Job verbleiben zu können. Früher hatte sie als Zimmermädchen gearbeitet und ihre devote Art war ihre Eintrittskarte in die Welt der Reichen und Schönen.

Sie tröstete, wenn jemand getröstet werden wollte, sie lachte, und sie küsste himmlisch. Fabienne konnte sich sehr einnehmend verhalten, aber in diesem Fall, im Fitnessstudio, beschimpfte sie ihre Trainerin als »Quälix« und diese lachte laut.

»Dann zieh jetzt noch mal richtig durch, danach kannst du duschen gehen. Das wars für heute.«

Natürlich waren all das kleine Kabbeleien, man verstand sich gut und nach der Dusche besprach sie sich mit ihrer Trainerin, was noch verbesserungswürdig erschien, doch diese sagte: »Du bist doch ohnehin schon ein heißes Eisen, Fabienne. Es ist alles okay. Konzentrier dich nur auf deinen Muskelaufbau und du wirst die Beste und Schönste sein. Dieses Programm hier ziehen wir jetzt ein Vierteljahr durch, danach werden wir sehen. Du bist sowieso schon ein Vamp.«

Fabienne lachte und die Trainerin ebenfalls. »Na, nu übertreib mal nicht«, meinte Fabienne. »Ich gebe mir nur die größte Mühe, und du weißt selbst, wie ehrgeizig ich bin!«

Das wusste die Trainerin sehr genau und klatschte ihr auf den Hintern, als ihre Lieblingsschülerin das Studio verließ.

»Bis zum nächsten Mal Süße, du hast übrigens einen Superhintern bekommen, Respekt!«

***

Nach dem Work-out ging Fabienne in die Stadt, gönnte sich zuerst einen Espresso bei Jean-Claude, ihrem Lieblingsitaliener, und besorgte dann den normalen Einkauf, bevor sie zu ihrem Termin im Kosmetikstudio ging.

Es handelte sich dabei um eine Strecke von ungefähr zehn Gehminuten, und als sie tief Luft holte, bemerkte sie, dass ein Hauch von Frühling in der Luft lag. Die Tage würden allmählich wieder heller und wärmer werden, sodass man sich mehr draußen aufhalten könnte.

Der Winter war dieses Mal grausig gewesen. Er hatte seine eisigen Krallen offenbar geschärft und zu allem Übel wehte oftmals ein noch schärferer Ostwind. Man tat also gut daran, das Haus nicht zu oft zu verlassen.

Da war diese weiche, sanfte Frühlingsluft doch schon mal ein ausgezeichneter Vorgeschmack auf mehr. Gut gelaunt öffnete Fabienne die Tür zum Kosmetikstudio. Hier wurde sie verwöhnt, sie nahm immer das volle Programm inklusive Fingernägel feilen und lackieren. Sie selbst konnte sich in diesem Studio fallenlassen, nachdenken und in Ruhe ihre Klientinnen durchgehen, überlegen, was sie vielleicht vergessen haben könnte. Niemand störte sie dabei.

Zwei Stunden war sie schon hier, danach ging es eine Etage höher, wo ihr Friseur bereits auf sie wartete. Als sie ihm sagte, dass sie dieses Mal Zöpfe wünschte, fiel der fast von seinem Stuhl.

»Du willst allen Ernstes diese Haare verschandeln?! Fabienne, Schätzchen, das kann nicht wirklich dein Ernst sein?«

»Doch Monsieur, mir steht der Sinn nach etwas Neuem. Es wird Frühling und ich habe es satt, mit offenem Haar herumzulaufen.«

Jean-Luc atmete einmal tief durch, doch er wusste, was Fabienne sich einmal in den Kopf gesetzt hatte, das setzte sie auch durch.

»Du willst also wieder ein kleines Mädchen sein, hmh? Im Sandkasten spielen und dumme Zoten erzählen?«

»Unter Umständen«, meinte Fabienne und lachte.

Als Jean-Luc fertig war, schaute sie in den Spiegel und fand sich sehr sexy. Der dicke Zopf ließ sie jünger wirken und ihre Haut noch zerbrechlicher.

»Genauso habe ich es mir vorgestellt«, sagte sie und gab Jean-Luc zum Abschied einen Kuss auf die Wange. »Bis zum nächsten Mal!«

Der schüttelte zwar noch immer den Kopf, musste aber zugeben, dass diese Frau einfach alles tragen konnte.

***

Fabienne betrat ihr Haus, fütterte die Katze, füllte den Trinknapf, danach checkte sie ihre E-Mails. Die Macht der Gewohnheit, denn sie trug immer ihr iPhone bei sich.

Sie schmuste noch eine Weile mit ihrem Kater, telefonierte kurz mit ihrer Mutter, und währenddessen sich Fabienne einkleidete, saß eine junge Frau zitternd in einem Rollstuhl und fieberte den Stunden entgegen, die sie mit Fabienne zu verbringen gedachte.

***

Lea war es endgültig leid, ständig im Haus zu hocken.

Es war so viel Zeit vergangen, sie hatte ihre Wunden geleckt, nun wollte sie wieder leben. Sie hatte bewusst einen Escortservice gewählt, etwas anderes wäre ihr gar nicht in den Sinn gekommen, und dort hatte Natascha ihr Fabienne empfohlen.

Diese Frau mit den ausdrucksstarken Augen – sie hatte das Gefühl, dass sie genau die Richtige für sie war.

Lea verlangte allerdings hundertprozentige Diskretion, es musste niemand wissen, mit wem und warum sie ausging. Sie hatte seit Monaten Karten für eine Vorstellung des Stadttheaters. Am heutigen Abend wäre es endlich so weit. Ein gutes Jahr nach ihrem Unfall würde sie das Leben feiern, gemeinsam mit dieser Fabienne.

Damals war sie unter einen Lkw geraten, seitdem war sie auf einen Rollstuhl angewiesen. Sie war noch nicht ganz darüber hinweg, doch irgendwann würde auch sie vergessen können. Zumindest hatte sie es satt, in ihrem Zimmer zu hocken und die Tage unnütz an sich vorüberziehen zu lassen.

Als sie den Rollstuhl auf die Terrasse schob, fiel ihr sofort auf, dass sich die Luft verändert hatte. Der Frühling stand vor der Tür, ein besonderer Hauch von Frische und Freiheit würde ihr die Kraft geben, die sie brauchte, um wieder zu erstarken. Sie würde viele Trainingseinheiten sowie Ergotherapie absolvieren müssen, bis dass sie das Versäumte einholen würde. Doch sie setzte dabei auf Fabienne, die sie noch nie in ihrem Leben, außer auf dem Foto, gesehen hatte. Doch es hatte sofort gefunkt.

Derzeitig packte Fabienne ihr kleines Köfferchen, in welchem ihre Schminkutensilien, mehrere Dessous und Kleider Platz fanden. Ihr Abendkleid würde der Hingucker des Abends werden, doch ob sie es brauchen würde, hatte Natascha offengelassen.

Sie streichelte noch einmal ihren Kater und meinte: »Bis bald, Herzchen. Denk einfach immer daran, dass du kein Straßenkater mehr bist, erleichtert dir das Leben!«

Als hätte der Kater es verstanden, schnurrte er um Fabiennes Beine herum und machte sich ganz lang. Genüsslich kratzte er an seinem Kratzbaum und wartete darauf, dass Fabienne endlich die Wohnung verließ. Danach sprang er auf die Fensterbank und putzte sich, beobachtete diese Gattung, die sich Menschen nannte, und die manchmal recht komisch sein konnte.

Die junge Frau hatte ihr Auto in der Tiefgarage der Wohnanlage stehen und verstaute nun ihre Siebensachen, gab in das Navigationsgerät ein, wo sie hinmusste, und bog links in die Straße ein. Sie musste sich gar nichts vormachen, sie war gespannt wie ein Flitzebogen. Auf ihre Klientin und darauf, wie sie auf Fabienne reagieren würde. Als die Straße in Sichtweite kam, in welcher Lea wohnte, wunderte Fabienne sich doch etwas über die alten Gemäuer. In diesem Viertel der Stadt war sie noch nie gewesen, doch es hatte durchaus Charme und roch nach Geld.

Ihre Stadt hatte sich wahrlich den Charme einer uralten Kurstadt bewahrt. Und so klingelte sie bei der Hausnummer 27. Zweimal, so war es abgemacht und als geöffnet wurde, holte Fabienne erst einmal tief Luft.

Eine Frau lachte sie strahlend an, und diese Frau saß in einem Rollstuhl.

Fabienne musste sich beherrschen, nicht vor Schreck ihr Köfferchen fallen zu lassen. Es hatte ihr niemand gesagt.

Hätte es Natascha gewusst, hätte sie es ihr sicherlich gesagt, so überwand sie ihre Überraschung, lachte Lea offen an und diese meinte: »Ich wusste es, dass ich richtig gewählt habe. Du hast deine Überraschung nicht verborgen. Das gibt mir Zuversicht, dass auch alles andere, was ich mit dir durchleben möchte, ein gutes Ende finden wird.«

Fabienne sagte ernst: »Sie werden mit mir zufrieden sein. Ich lauf Ihnen schon nicht weg.«

Lea kicherte ob der Zwiespältigkeit des Satzes.

»Zuerst wünsche ich mir erst einmal Folgendes, nämlich, dass wir uns duzen«, sagte sie und sah Fabienne fragend an. Diese nickte und willigte somit ein.

Lea zeigte auf das Wohnzimmer, in welches sie Fabienne bat. Sie wollte gerade das Abendkleid in den kleinen Koffer packen, als Lea sie überraschte und meinte: »Zerknittere dein Abendkleid nicht, du wirst es brauchen. Ich habe Karten für ›Der Barbier von Sevilla‹, schon ein ganzes Jahr freue ich mich darauf. Es ist das erste Mal nach meinem Unfall, dass ich überhaupt vor die Tür gehe.«

Fabienne fühlte sich irgendwie schuldbewusst, sie stand auf dem Schlauch, doch dann ging sie einfach zu Lea hin, nahm sie in den Arm und sagte: »Wir rocken das schon zusammen. Ich bin ja schließlich eine Frau wie du.«

Lea lachte befreit auf.

»Ja, eine Frau wie ich, nur dass du deine Beine bewegen kannst.«

Fabienne nickte, das musste sie zugeben. Lea ließ ein kleines Glöckchen erklingen und eine ältere Frau kam und brachte Kaffee und Gebäck. Da es noch relativ früh am Tag war, entschied sich Fabienne nur für einen Kaffee und Lea freute sich offenbar auf den Tagesablauf, denn sie plapperte wie ein Wasserfall. Sie bekam vermutlich sehr wenig Besuch.

»Hast du auch schon die ersten Frühlingsdüfte wahrgenommen?«, fragte sie und fügte hinzu: »Nach dem Mittagessen gehen wir in den Park und schauen, ob sich da schon etwas rührt. Der Winter war einfach zu lang in diesem Jahr. Ich möchte sehen, ob die ersten Schneeglöckchen ihre Köpfchen aus der Erde heraushalten.«

Fabienne nickte. »Das können wir gern tun.« Trotz ihrer gespielten Fröhlichkeit tat Fabienne die junge Frau leid. Was für ein Schicksal, an einen Rollstuhl gefesselt zu sein. Fabienne traf gerade so ein Schicksal immer besonders hart.

Lea fasste Fabienne nach dem Mittagessen an die rechte Hand, zeigte ihr, wie sich der Rollstuhl lenken ließ, und ab gings in den Park. Majestätisch zogen bereits die Schwäne ihre Bahnen durch den See des Stadtparks und Lea juchzte entzückt auf.

Sie musste sich unglaublich frei fühlen, und sie bat Fabienne, sich zu ihr hinabzubeugen. Einen dicken Kuss drückte sie der Frau auf die Stirn, einen auf den Mund und meinte: »Danke, dass es dich gibt.«

Fabienne schluckte schwer. Lea strömte eine Lebenslust aus, die Fabienne verwunderte, und sie war völlig platt, denn sie kannte Lea ja überhaupt nicht. Was sie wusste, wusste sie aus der Agentur, doch diese Frau fasste sofort Vertrauen zu ihr, das sie niemals enttäuschen durfte. Das schwor sie sich in diesem Augenblick.

Sie schob die junge Frau den Park entlang, Eichhörnchen kamen dicht an den Rollstuhl heran und labten sich an den Brotkrumen, die Lea mitgebracht hatte. Fabienne schwieg in dieser Zeit. Sie freute sich mit Lea.

Es bedurfte nicht vieler Worte, die harmonische Stunde im Park war einfach nur zum Genießen da, und als Lea auf eine Bank wies, worauf sich Fabienne setzen sollte, stellte sie sich mit dem Rollstuhl vor sie hin und begann zu erzählen: »Du fragst dich doch sicher schon länger, wie das passiert ist.« Sie deutete auf ihren Rollstuhl. »Nun, ich erzähle es dir gern. Ich bin unter einen Lkw geraten; kaum eine Chance bestand, dass ich überhaupt durchkommen würde. Ich war von der Hüfte an gelähmt.«

Lea räusperte sich.

»Es ist übrigens das erste Mal, dass ich über den Unfall rede, und auch, dass ich wieder vor die Tür gehe. Ich habe mich verkrochen wie eine Kellerassel, wollte niemanden sehen und niemanden hören. Jetzt bin ich bereit für mein zweites Leben.«

Still hatte Fabienne zugehört, jetzt nickte sie und strich Lea zärtlich den Arm hinunter. »Ich hab kein Gefühl mehr in meinem Unterleib, das ist viel schlimmer als meine Beine«, meinte Lea zähneknirschend. »Aber küssen ist erlaubt und streicheln ebenfalls, wie hört sich das für dich an?«

Fabienne schluckte, musste sich die Tränen verkneifen, doch sie sagte nichts. Sie bewunderte Lea und ihren Mut, über ihre Behinderung zu sprechen. Auch wenn sie annahm, sie wüsste nicht, wie es weiterginge, sie sollte sie sich doch gewaltig täuschen. Lea war eine Kämpferin.

»Bevor ich zu dem wurde, was ich jetzt bin, war ich oft hier draußen. Ich mag den Park und die vielen Tiere, die hier eine Heimat finden«, setzte Lea das Gespräch fort. »Ich liebe das Gequake der Frösche im Frühling ebenso wie im Sommer die Marienkäfer, wenn sie mit ihren Punkten überall herumfliegen. Meine Welt ist derzeitig noch klein, aber sie ist nicht schlecht!«, endete Lea und Fabienne meinte vorsichtig: »Ich finde es mutig, dass du voranschreitest, und dich nicht unterkriegen lässt. Dazu gehört viel Mut und Selbstvertrauen.«

»Na ja, hat ja auch lange genug gedauert, bis ich endlich den Arsch in der Hose hatte, um aus meinem Loch zu kriechen«, meinte Lea und lachte herzlich. »Ich habe ein gutes Gefühl, dass unser Tag unvergesslich bleiben wird.«

Gemeinsam strebten die Frauen dem Haus zu und Lea fragte Fabienne, ob sie ein Glas Wasser möge. Diese nickte und Lea nahm ebenfalls einen Schluck.

»Nach dem Mittagessen werde ich ein kleines Nickerchen halten. Es ist meine Zeit und danach trinken wir gemütlich zusammen Kaffee.«

»Du hast mich nicht wirklich gebucht, um mit mir gemütlich Kaffee zu trinken?«, wähnte Fabienne und kam auf Lea zu. »Weißt du, was ich glaube? Wir werden jetzt zusammen in dein Schlafzimmer gehen. Ich werde mich zu dir legen und du wartest ab, was passieren wird.«

Lea wirkte wie benommen.

Als Fabienne das Schlafzimmer betrat, schluckte sie kurz.

Darin stand ein überdimensionales Bett, welches zur Seite hin klappbar war, damit Lea von allein einsteigen konnte. Es gab eine Badewanne, welche in den Boden gesenkt werden konnte, auch dort nichts, was Lea behindern konnte. Alles war nach ihren Bedürfnissen gestaltet worden und Fabienne fand als erste Worte: »Auch wenn deine Behinderung momentan nicht viel zulässt, dieser Raum hier ist echt das Paradies.«

»Welches ich sehr, sehr lange nicht verlassen konnte«, resümierte Lea und winkte Fabienne zu. Sie hätte es gern, dass Fabienne zu ihr kam, sie sanft streichelte und sah sie aus bettelnden Hundeaugen an.

Fabienne grinste. Sie strich sanft über ihr Haar, ihre Wimpern waren sehr lang und vermutlich schwarz gefärbt. Die Augenbrauen hatten einen hübschen Schwung und ihre Lippen eine Herzform. Leas Gesicht wirkte sehr ausdrucksstark, übersah man die kleinen Fältchen, erahnte man kaum, welche Tortur diese Frau in der letzten Zeit erleben musste.

Bevor Fabienne zu Lea ins Bett stieg, streifte sie ihre Kleidung von ihrem Körper. Die herrlich sinnlichen Dessous kamen zum Vorschein, dabei handelte es sich um eine Korsage aus Brüsseler Spitze mit Halbschalen-BH, in denen Fabiennes spitze Brüste gut aufgehoben schienen; sie lagerten in den Schalen wie in einem Kokon und Lea war völlig überwältigt. Jedes Detail dieses exquisiten Dessous sog sie mit ihren Augen ein und fragte: »Trägst du es heute Abend?«

Fabienne schüttelte den Kopf.

»Nein, dafür ist mein Abendkleid nicht ausgelegt. Zu offenherzig, leider. Ich wusste nicht, was mich erwartete, und da suche ich mir immer selbst meine Kleider aus; ist übrigens nachtblau.«

»Ich finde keine Worte mehr«, wisperte Lea, »ich liebe Nachtblau!« Sie lockte Fabienne mit dem Finger. Diese kroch auf sie zu, legte sich neben sie und küsste sanft ihre Lippen.

Lea spürte diesem Kuss sehr lange nach. Dann war auch sie bereit, Fabienne zu küssen. Lea spürte eine unglaubliche, unwahrscheinliche Erregung in sich. Eigentlich war dies unmöglich, doch das Kribbeln in ihrem Unterleib war Realität, sie ergötzte sich an Fabiennes Dessous und ihren prachtvollen Brüsten, die immer noch perfekt in dem Halbschalen-BH lagen. Irgendetwas tat sich da, irgendetwas passierte gerade mit Lea, die sich so sehr gewünscht hatte, wieder ins Leben zu treten.

»Du bist eine sehr attraktive Frau, Lea«, wisperte Fabienne, »deine Haut ist samtig weich und sehr anschmiegsam.« Sie fuhr mit ihrem kleinen Finger über den samtenen Körper der Frau, die keine Chance hatte, je wieder ihre Beine gebrauchen zu können. Doch auch so bot ein Körper viele Spielmöglichkeiten, und Fabienne war gewillt, Lea trotz ihrer Behinderung eine wunderbare Zeit zu gewähren. Sie brauchte sich nur vorzustellen, wie lange Lea auf diesen Augenblick gewartet hatte.

Fabienne schüttelte das Lammfell auf, welches Lea den Rücken stützte. Ihre Hände griffen nach Leas wundervollen Brüsten, sie saugte und leckte an ihnen und zwickte ihre Nippel ein klein wenig. Lea hatte das Gefühl, zu verbrennen.

Ihr war es, als wäre es Urzeiten her, dass sich einmal jemand so um sie gekümmert hätte. Sie wusste, dass es nur eine Frau sein konnte, die sie so berühren konnte. Und trotzdem hatte Lea lange gewartet, bis ihr Entschluss endlich feststand.

Fabienne ahnte, was es sie an Überwindung gekostet haben musste, bei dem Escortservice anzurufen, doch nicht nur deswegen küsste sie Fabienne zärtlich, strich sanft über ihren Körper hinweg, spielte mit Leas Nippeln und zeigte ihr ihre spitzen Zähne, die sie spielerisch in ihre Brustwarzen hineintauchte. Lea stöhnte leise auf. Was hatte sie sich nach diesem Spiel hier gesehnt … Fabienne ahnte sehr wohl, dass Lea noch sehr viel Zuspruch brauchen würde, bevor sie sich ihr völlig öffnete. Sie zog einen kleinen Federbusch aus ihrem Täschchen und tunkte diesen in etwas Öl hinein, damit fuhr sie äußerst erregend über den Körper der jungen Frau.

Diese schloss ihre Augen, genoss die Liebeszuführungen. Tränen der Freude rannen über ihre Wangen. Fabienne verstand sich auf kleine erotische Details, die noch jede Frau schwach gemacht hatten. Sie brauchte nicht das große Besteck, ihr genügte noch immer das kleine. Sie baute eine intime Atmosphäre auf, die sie in die Lage versetzte, mit ihrem Gegenüber zu spielen, es zu erregen und schlussendlich zu lieben. Sie zündete eine Kerze an, welche dicht an Leas Bett stand. Das Wachs, welches ganz allmählich auf die Haut der Frau tropfte, ließ diese fast vergehen vor Glück. Als Leas Scham immer mehr in Fabiennes Blickfeld geriet, stoppte sie und ließ nur wenige Tropfen über Leas straffen Bauch tropfen, dann hielt sie die Kerze so, dass das Wachs an ihr heruntertropfte und in ihre Vagina floss. Sie zuckte zusammen, und plötzlich fühlte Lea auch ein erstes gewaltiges Kribbeln dort, wo eigentlich nichts mehr zu spüren sein sollte.

Wie Fabienne angenommen hatte, konnte sie Erregung empfinden, doch auf ihre ganz eigene Art. Nur die Beine, da war leider nichts mehr zu machen.

Die junge Frau entfernte das Wachs, indem sie mit Feuchttüchern arbeitete. Sie selbst fand es wesentlich erregender als mit einem Waschtuch. Fabienne spielte ihr ganz persönliches Spiel mit dem Feuer. Sie wusste, es musste möglich sein, Lea wenigstens etwas Gefühl zu geben. Wie grausam wäre es, wenn sie nichts mehr spüren würde. Das war die Frage, die Fabienne klären wollte.

Sanft schob sie einen ihrer Finger in Leas Liebesgrotte hinein, strich mit der flachen Hand über ihre Scham und plötzlich zischte Lea völlig außer sich.

»Ich spüre etwas, mein Gott ist das wunderschön. Nie hätte ich gedacht, dass es möglich …« Fabienne nahm einen kleinen Minivibrator in Form eines Lippenstiftes zur Hand und sie wäre unehrlich gewesen, wenn sie diesen nicht selbst gelegentlich benutzt hätte.

Zuerst lehnte Lea ab, doch dann fuhr Fabienne zärtlich über ihre Brüste, über ihren Bauch und dann schob sie den kleinen Stift ganz behutsam in ihre Vagina hinein, ganz schwach war der Reiz dessen und Lea sah sie erstaunt an.

Fabienne sah sie fragend an, und Lea nickte: Sie spürte tatsächlich etwas. Nicht viel, aber sie spürte etwas.

Fabienne kostete Lea, saugte ihre Schamlippen fast gänzlich aus. Pustete sie auseinander und saugte erst an der etwas längeren, dann an der etwas kürzeren, und Lea begann feucht zu werden! Ihrer Vulva sah man sehr wohl an, dass sie erregt war, sie puckerte und ihre Klit war verhältnismäßig groß geworden, sodass Fabienne sich ein Lächeln nicht verkneifen konnte. Lea war noch eine Frau. Eine Frau, die Lust empfinden konnte. Plötzlich grinste auch Lea und meinte: »Die sensible Stelle dort, berühr die doch bitte noch mal.« Fabienne tat ihr gern den Gefallen. Sie nahm als Unterstützung den Vibrator zwischen Zeige- und Mittelfinger, stimulierte Lea damit zusätzlich und dann stöhnte diese Frau auf. Nach fast einem Jahr stöhnte diese Frau auf; Fabienne hatte sie mit viel Liebe, Geduld und einem paradiesischen Spiel dorthin gebracht, wo sie gedacht hatte, nie wieder hinzukommen. Es war nur ein schwacher Orgasmus, aber er ließ Lea vor Glück weinen.

Fabienne lächelte. Auch sie schluckte schwer.

»Siehst du«, wisperte sie, »man braucht nur Geduld. Und die haben wir zwei allemal. Du hast so berauschend schöne Schamlippen, ich kann davon einfach nicht genug bekommen. Wenn ich mit meiner Zungenspitze in deinen Honigtopf tauche, dann merke ich sehr wohl, wie du zuckst, wie es dich erregt und wie es dich kommen lässt.« Noch immer schniefte Lea laut, konnte nicht fassen, was da gerade vorgefallen war, und Fabienne mutmaßte, um Lea zu beruhigen, dass nicht alle Nervenstränge kaputt waren. Sie wusste es nicht, doch Lea beruhigte es.

»Ich danke dir aus vollem Herzen«, flüsterte Lea, »ich hätte nicht gewagt zu glauben, dass es möglich sein könnte. Doch du hast mir gezeigt, wie viel möglich ist. Ich mag dich, Fabienne. Es war ein unglaubliches Erlebnis für mich. Ich wusste nicht mehr, wie ausgehungert ich war. Es ist ein Glück, dich getroffen zu haben.«

Fabienne kicherte.

»Nun mal langsam. So viele Komplimente auf einmal machen auch mich verlegen. Wir haben doch alle Zeit der Welt, und du wirst es schaffen.« Sanft drückte Fabienne ihre Lippen auf Leas Lippen, sie küssten sich innig, sahen sich tief in die Augen und spielten mit ihren Haaren. Leas Augen flackerten nervös; nicht wahrhaben wollend, was da gerade mit ihr geschah. Monatelang hatte ihr Körper ruhiggelegen, nun öffnete ihn Fabienne und das tat sie auf die herzlichste Art und Weise.

Eine halbe Stunde später machte sie Lea darauf aufmerksam, dass sie sich allmählich für die Oper fertig machen mussten, und es wäre doch schade, die Karten verfallen zu lassen, obwohl sie sich wohl lieber noch ein wenig mit ihr vergnügt hätte.

Fabienne half Lea beim Duschen, half ihr beim Anziehen; ehe sie sich selbst anzog und in ihrem dunkelblauen Abendkleid vor Lea trat. Diese schluckte schwer.

»Du siehst aus, wie eine Prinzessin«, wisperte sie.

Sie selbst trug mal wieder einen schwarzen Hosenanzug, wie eigentlich zu jeder Zeit und Fabienne öffnete dynamisch Leas Kleiderschrank. Sie zog ein smaragdgrünes Abendkleid mit tiefem Ausschnitt und einer dazu passenden Kette daraus hervor.

»Tu mir den Gefallen und trag das am heutigen Abend«, wisperte sie und Lea nickte nur. Sagen konnte sie nichts, denn auch Frau Schmidt, die Haushälterin, war der Meinung, dass endlich die Zeit der grauen Katzen vorüber war. Endlich kam wieder Leben und Farbe ins Haus.

Und da alle von Leas Kleid so begeistert waren, schaute sie sich im Ganzkörperspiegel an, während Frau Schmidt ihr die halterlosen Strümpfe und die Pumps anzog.

»Ich schulde dir so viel Dank!«, wisperte Lea, doch Fabienne winkte ab.

»Fang du erst mal wieder richtig an zu leben!«

***

Und das tat Lea.

Die Aufführung der Oper »Der Barbier von Sevilla« war Weltklasse besetzt. Die Stars der Opernszene gaben alles und Fabienne und Lea kamen voll auf ihre Kosten.

Lea genoss die vielen Blicke, die auf ihr Kleid, nicht auf ihren Rollstuhl gerichtet waren, und vergaß tatsächlich, dass sie in einem saß. Sie freute sich so sehr über ihre neue Strahlkraft, dass ihr Blick leuchtete wie die Scheinwerfer der Bühnenaufführung.

Man nahm ein Taxi, als die Aufführung zu Ende war und war sich ziemlich sicher, einen wunderschönen Abend erlebt zu haben.

Lea hatte sich seit Langem nicht mehr so wohl in ihrer Haut gefühlt und sagte traurig zu Fabienne: »Eigentlich haben wir unsere Zeit ja schon überschritten, aber das nächste Mal, wenn ich dich buche, werden wir zusammen shoppen gehen und ich werde die halbe Stadt leer kaufen, die heißesten Sachen der Saison werden wir ergattern.«

»Mir würde es schon reichen, wenn du dich von deinem tristen Schwarz verabschieden würdest«, meinte Fabienne lachend und hatte einen Plan geschmiedet. Sie würde ihre Fitnesstrainerin mit ins Boot holen, die konnte mit Lea üben, sich wieder mehr selbst zu helfen und vor allem Muskeln aufzubauen. Zu Beginn würde es nicht leicht werden, doch ihre Trainerin würde es schon verstehen, Lea zu motivieren.

Und so war es denn auch.

Fabienne besprach sich mit ihrer Trainerin und mit Natascha, welche nichts dagegen hatte, wenn Fabienne gelegentlich Lea zu Hilfe eilte, sofern sie jedoch ihren Job weiterverfolgen möge. Das tat Fabienne zu ihrer vollen Zufriedenheit und so konnte Lea im Fitnessstudio mit der Trainerin arbeiten, und Fabienne schaute öfter mal rein, wie der Muskelaufbau allmählich sichtbar wurde. Lea hatte schon viel mehr Kraft, und Fabienne selbst kümmerte sich in ihrer freien Zeit rührend um sie.

Die zweite Chance, sie war endlich da. Lea war kaum mehr in ihrem Haus anzutreffen, sie war draußen im Park, ließ die Sonne auf den Pelz scheinen und spielte mit Fabienne herrliche Spiele der Lust. Auch wenn nicht mehr alles gelang, sie war stolz und froh darüber, dass sie wieder Lust empfinden konnte.

»Sie liebt Sie«, meinte Frau Schmidt eines Tages zu Fabienne, und diese nickte.

»Ich weiß. Nur sagen Sie es ihr noch nicht. Ansonsten bin nämlich ich verloren.«

Frau Schmidt kicherte und meinte: »Euch beide hat der Himmel zusammengeführt.«

Lesbische Spiele im Aufzug

Endlich Feierabend!

Vera Vogler schloss ihren Schreibtisch ab, verabschiedete sich von ihrem Chef und wünschte ein schönes Wochenende.

»Und?«, fragte er, »am Wochenende wieder auf der Jagd nach Babysachen?« Er sagte es lächelnd, denn er war sich sehr sicher, dass Vera auch nach ihrer Niederkunft weiter arbeiten würde. Sie konnte gar nicht anders; ohne sie lief hier gar nichts und er war verloren. Dafür zahlte er ihr ein fürstliches Gehalt und Veras Frau Tessa würde dafür von zu Hause arbeiten.

Manchmal wünschte dieser Mann, so flexibel, wie seine Sekretärin sein zu können.

»Wer weiß«, antwortete Vera. Ich forciere nichts, ist alles noch etwas hin. Ist ja erst der vierte Monat, da kann noch viel passieren.

***

Auch Lena Brakebusch rüstete für den Feierabend. Sie war in der Stadt mit Freunden zum Maschseefest eingeladen. Sie freute sich darauf, denn dieses Wochenende war endlich einmal Wetter für einen Rundgang über das Fest.

Ihre Einkäufe hatte sie aus diesem Grunde schon heute Mittag in der Pause gemacht, dann würde es am Samstag nicht so stressig werden. Schnell suchte sie noch die Toilette auf, richtete sich ihr Haar, strich noch einmal über ihr Kleid, welches sie in einer Tüte gelagert hatte, und ging dann die wenigen Schritte zum Fahrstuhl.

»O nein!«

Vor diesem stand ihre Erzfeindin Vera Vogler, die Zicke der Nation. Sie war ziemlich hochnäsig, weil sie die Sekretärin eines Vorstandsvorsitzenden war, und das zeigte sie auch jedem. Ihre tiefe Stimme trug dazu bei, dass sie sich sehr schnell Respekt verschaffen konnte. Lena mochte diese Frau nicht, und mit der in einem Fahrstuhl?

Sie überlegte kurz, ob sie warten sollte, bis der Nächste kam, doch sie befanden sich im zehnten Stock eines riesigen Bürokomplexes, das konnte dauern. Also biss sie die Zähne zusammen und stieg ein.

Vera taxierte Lena mit Blicken, die besagten: »Sprich mich bloß nicht an.«

Der Fahrstuhl setzte sich in Bewegung, die Stimmung war aufgeladen. Warum sich die beiden Frauen nicht ausstehen konnten, blieb unklar. Lena arbeitete als Sekretärin für einen der Firmenanwälte und war mit ihrer Position durchaus zufrieden. Trotzdem waren die beiden wie Feuer und Wasser.

Schweigen!

Absolutes Schweigen!

Der Fahrstuhl setzte sich in Bewegung, und Veras Magen hob sich. Von Kindheit an hasste sie die Dinger, doch zehn Stockwerke zu laufen war ja nun auch nicht die Lösung. Besonders jetzt, da sie schwanger war.

Wenn sie in einen Fahrstuhl stieg, hatte sie immer die gleiche Panik. Dieses Wunderwerk der Technik könnte irgendwann einmal stecken bleiben und dann … ein Albtraum.

Seitdem Lena den Fahrstuhl betreten hatte, hatte sie sich nicht von der Stelle gerührt. Sie schaltete auf unsichtbar und beobachtete ihre Konkurrentin von hinten. Einen hübschen Hintern hatte sie ja, dafür allerdings ein großes Mundwerk, das überall dazwischenreden musste. Vera war nicht wirklich hübsch, doch sie sollte mit einer tollen Frau zusammenleben. Wenn die Gerüchte, die immer mal wieder in so einer großen Firma die Runde machten, denn stimmten.

Was war das?

Der Fahrstuhl ruckte plötzlich, dann blieb er stehen. Die Notbeleuchtung schaltete sich ein. Offenbar steckten sie fest. Nichts ging mehr.

Lena schaute auf den Ziffernblock; irgendwo musste doch dieser rote Notschalter sein. Sie konnte es schlecht erkennen und drückte einfach alle Knöpfe durch. Verdammt! Es war Freitagnachmittag! Keine guten Vorzeichen, sollte der Fahrstuhl nicht bald wieder seinen Betrieb aufnehmen.

Vera stand starr und steif und Lena fragte vorsichtig: »Alles klar mit Ihnen? Geht es Ihnen gut?«

»Ob es mir gut geht?!«, keifte Vera, »Nein, es geht mir nicht gut. Es geht mir überhaupt nicht gut. Ich sitze in diesem Fahrstuhl hier fest und habe panische Angst. Mein größter Albtraum wird heute wahr. Es ist Freitag! Sie wissen vermutlich, was das bedeutet?«

»Vermutlich«, meinte Lena staubtrocken, »vermutlich werden wir, wenn nicht alsbald Hilfe naht, das Wochenende in diesem Kasten hier verbringen. Trösten Sie sich, ich finde das auch nicht besonders anregend. Zumal auch die Lüftung ausgefallen sein muss.« Lena knirschte mit den Zähnen und Vera musste sich zusammenreißen, um keine Panikattacke zu bekommen. Nie wieder würde sie einen Fuß in so ein Gefährt setzen, auch wenn sie zwanzig Stockwerke zu Fuß laufen müsste. Sie hatte immer gewusst, dass so etwas einmal passieren würde.

Sie schrie um Hilfe, doch Lena bedeutete ihr, dass das doch nichts bringen würde.

»Ich denke mal, die wissen in der Leitzentrale bereits Bescheid«, versuchte sie Vera zu beruhigen, die in der Tat sehr blass war.

Sie nahm ihr Handy zur Hand. Kein Empfang!

Wütend schmiss sie es in an die Fahrstuhltür, wo es seinen Geist aufgab.

»Und was haben Sie jetzt davon?«, meinte Vera und sah Lena fragend an.

»Tja, erst mal gar nichts. Zweitens brauche ich ein neues Handy, aber meine Frustration hat deutlich nachgelassen.« Sie versuchte ein Grinsen, doch das misslang deutlich.

Vera sah sie komisch an.

»Also warten wir … was bleibt uns anderes übrig!«, meinte Lena und zuckte mit den Achseln.

»Kluges Mädchen!«, stimmte ihr Vera zu und sah auf ihr Handy. »Den Wurf hätten Sie sich sparen können, ich habe auch keinen Empfang. Eine der größten Errungenschaften der Neuzeit kapituliert vor einem Aufzug! Na, Mahlzeit!«

Doch sie war klug genug, das Handy nicht irgendwo gegen zu donnern. Setzte sich der Fahrstuhl wieder in Bewegung, hatten sie sicherlich auch wieder Netz.

Veras Bauch zog sich schmerzhaft zusammen, vermutlich übertrug sich der Stress gerade auf das Kind, sie versuchte, ruhiger zu atmen, was ihr nur mäßig gelang.

»Und nun?«, fragte sie und setzte sich auf den Fußboden. »Wenigstens aus Glas hätte der Fahrstuhl sein können, dann wäre immerhin Tageslicht hereingefallen, aber so … Da spart die Versicherung im eigenen Hause. Hauptsache …«

Sie horchte auf.

Es war ihr, als habe sich der Fahrstuhl bewegt, doch vermutlich war es reines Wunschdenken. Als ihr Blick mir Lenas zusammenprallte, schüttelte diese den Kopf.

»Leider nur ein leichtes Ruckeln, ist manchmal so!«

»Ist manchmal so, ja?«, meinte Vera äußerst gereizt. »Warum muss überhaupt ich in diesem Ding sitzen, das nicht weiterfährt. Ich will jetzt aussteigen! Warum klemmt denn diese verdammte Tür. Kann man die nicht aufdrücken?«

Lena bemerkte, wie angespannt Vera war und versuchte, sie zu beruhigen.

»Würde ich nicht empfehlen«, sagte sie. »Sie würden, außer in einen tiefen Schacht, in nichts anderes sehen können.«

Vera wurde blass und griff nach Lenas Hand.

»Sagen Sie es ja nicht weiter, aber ich habe schreckliche Angst.«

»Ist nicht zu übersehen«, meinte Lena und fragte Vera, ob sie etwas dagegen hätte, dass sie sich in dieser Situation duzen würden. Ist doch etwas weniger anstrengend.

»Lena!« Sie hielt Vera ihre Hand entgegen, die diese zu Lenas Verwunderung auch ergriff.

»Meinen Namen kennen Sie ja. Bin ja sowieso als Zicke vom Dienst verschrien, aber damit lebe ich ganz gut. Hier!«

Veras Gesicht wurde weich und sie flüsterte: »Das hier ist, was zählt. Ich bin mit zweiunddreißig Jahren schwanger geworden! Endlich den richtigen Spender gefunden. Hat sofort geklappt mit der künstlichen Befruchtung. Meine Frau, die leider keine Kinder bekommen kann, hätte da auch nicht locker gelassen.«

Lena sah genauer hin.

Tatsächlich. Ein klitzekleines Bäuchlein wölbte sich da bereits und ein klein wenig war sie eifersüchtig auf Vera. Auch sie stand in einer Beziehung zu einer Frau, doch die lehnte ein Kind kategorisch ab. Diese Verpflichtungen würde sie nicht eingehen wollen, darunter würde nur die Harmonie leiden. Nein, dieser Punkt war mit Maja nicht verhandelbar.

»Herzlichen Glückwunsch.«

Lena umarmte Vera vorsichtig, und die war völlig baff.

»Dankeschön!«, flötete sie. »Das ist aber nett. Ist ja völlig neu, dass mich mal jemand in der Firma umarmt. Und ausgerechnet du …«

Lena grinste.

»Also ich schlage vor, wir rufen mal um Hilfe. Vielleicht hört uns ja doch jemand. Versuchen wir's.« Und beide Frauen schrien sich die Seele aus dem Leib, dass sie hier im Fahrstuhl feststecken würden und Hilfe benötigten.

Einige Minuten später brachten die beiden nur noch ein Krächzen heraus und Lena drückte voller Verzweiflung auf den Notrufknopf.

Pustekuchen, wieder nichts. Da musste mehr passiert sein.

»Weißt du was?«, meinte Lena, »auch wenn ich hier eingeschlossen bin, knurrt mir der Magen. Wir sollten etwas essen. Ich habe nicht zu Mittag gegessen und Durst habe ich auch. Ich habe schon den Wochenendeinkauf erledigt, weil ich mit meiner Clique eigentlich zum Maschseefest wollte.« Voller Spott sagte sie: »Aber hier ist es ja auch recht gemütlich, nicht wahr?«

Vera grinste.

»Die Idee ist nicht die Schlechteste«, stimmte sie Lena zu. »Auch ich habe mittags nichts mehr gegessen, mein Magen meldet sich immer um diese Zeit.«

Sie sah auf ihre teure Armbanduhr und meinte: »Na ja, ist ja erst fünf Uhr nachmittags. Trotzdem …«

Sie zog ihre Jacke aus, breitete diese auf dem Boden des Fahrstuhls aus und beide Frauen setzten sich darauf. Da es beiden nun doch sehr warm wurde, zogen sie erst einmal ihre Oberteile aus, die Büstenhalter blieben an.

»Sag mal«, fragte Vera, »meinst du wirklich, dass hier noch Monteure im Haus sind? Oder ist unser Schicksal besiegelt?«

»Oh, so theatralisch«, meinte Lena und grinste leicht. »Willst du meine ehrliche Meinung? ICH WEIß ES NICHT. ICH HABE KEINE AHNUNG.«

Daraufhin schüttelte sich Vera einmal und schaute in Lenas Korb, was sie an Leckereien so alles eingekauft hatte.

Das musste man ihr lassen. Limonade, etwas Lachs, belegte Brötchen, Sushi. Lena verstand es offenbar, ganz gut zu leben.

»Leider müssen wir die Limonade aus der Flasche trinken«, meinte Lena, doch Vera winkte ab.

»Gibt Schlimmeres.« Womit sie nicht unrecht hatte.

Das Essen schmeckte vorzüglich und auch die Limonade war trinkbar. Sie aßen sogar mit gutem Appetit, was in Anbetracht ihrer misslichen Lage nicht selbstverständlich war. Ein paar Süßigkeiten lagen noch im Einkaufskorb, doch diese verschmähten die beiden Frauen. Das wäre denn doch des Guten zu viel gewesen.

Nach dem Essen saßen sie schweigend beisammen. Abwartend, horchend. Auf irgendeinen Ton lauschend. Doch es war nur Stille. Und die ging speziell Vera gehörig auf die Nerven.

»Wenn doch wenigstens dieses Handy funktionieren würde, dann könnte ich meine Entspannungsapp hören, aber so …«

Fragend sah sie Lena an, und auch diese zuckte nur mit den Achseln. »Ja, auch ich habe mir den Einstieg ins Wochenende etwas anders vorgestellt«, meinte sie, und dann: »Sie finden uns, ganz bestimmt, nur keine Bange.«

***

Ihr Blick taxierte Vera, die sie plötzlich gar nicht mehr so unsympathisch fand. Eigentlich war sie eine hübsche Frau, sie kleidete sich nur etwas unvorteilhaft und trug das Haar für Lenas Geschmack deutlich zu kurz. Da konnte man ja schon fast die Kopfhaut sehen. Mit der richtigen Farbkombination, der richtigen Schminke und etwas mehr Farbe im Gesicht sähe sie völlig anders aus, dachte Lena bei sich.

Aber sie hatte Vera tatsächlich noch nie geschminkt gesehen. Doch das ging sie nichts an und als sich ihre Blicke trafen und Lena wieder auf Veras Bauch starrte, fragte diese: »Magst du mal horchen? Vielleicht strampelt es ja.«

Sie zog ihr Shirt nach oben, die Hose leicht nach unten und Lena legte ihren Kopf an Veras Bäuchlein. »Was ist es doch immer wieder für ein Wunder, dass darin ein zweites Herz schlägt«, meinte sie ergriffen und dann plötzlich: »Huch! Ich glaube, es hat sich gerade bewegt.«

Vera grinste.

»Wäre doch ein bisschen früh, für den vierten Monat. Aber manchmal bilde ich mir ein, ich spüre auch schon etwas. Jedenfalls freuen wir uns auf die Kleine. Sie wird übrigens Tamara heißen.«

»Kann man das Geschlecht denn schon so früh feststellen?«, fragte Lena interessiert und Vera nickte. »Du glaubst allen Ernstes, ich hätte einen Kerl in meine Wohnung gelassen, und sei es auch mein eigenes Kind?! Nie im Leben! Ja, das kann heute schon sehr früh passieren …« Plötzlich musste sie laut lachen.

Nach einer kleinen Schrecksekunde fiel Lena in das Lachen ein. Der Bann schien gebrochen und die Frauen entkleideten sich endgültig. Die Wärme war unangenehm und man tat gut daran, sich auszuziehen.

Nackt wirkten sie völlig anders aufeinander. Vera schürte das Feuer und meinte, dass Lena eine tolle Frau sei, und die Figur gut zu ihrer Größe passte. Lena war nämlich nur eins fünfzig groß, was ihr immer wieder ein wenig Spott einbrachte, doch da stand sie drüber. Sie fand sich ganz okay und Vera schien das ja auch so zu sehen. Immer hatte sie Gardemaß: einen Meter siebzig. Schätzte Lena zumindest.

Vera hüstelte und sah Lena fragend an: »Sag mal, bist du eigentlich öfter mal mit einer anderen Frau unterwegs? Ich meine, du bist ja auch liiert, hier bleibt ja nichts verborgen, aber ich meine … hast du es schon mal mit einer anderen Frau getrieben?«

Lena sah Vera fragend an. »Meinst du das jetzt ernst?«

»Ja«, kam es als Antwort. »Früher habe ich so etwas öfter mal gemacht, heute natürlich nicht mehr, aber ich komme ja nicht vom Planeten ›Wünsch dir was‹, und mir fällt alles in den Schoß.«

Lena grinste und sagte: »Hör zu Vera. Wir sind zwar nicht immer einer Meinung, aber findest du nicht auch, dass wir uns hier vielleicht auf andere Weise die Zeit vertreiben könnten? Ob wir hier nun rumstehen und warten, bis sich etwas tut oder ein wenig zusammen spielen …«

»Es sieht ja keiner«, kam es flüsternd hinterher.

Zuerst starrte Vera Lena nur an, doch dann griff sie nach Lenas Brüsten, nahm ihre roten Nippel zwischen Zeigefinger und Daumen und stimulierte sie kräftig.

Lena stöhnte leise und küsste ihre Konkurrentin sanft auf den Mund.

»Eigentlich mag ich dich ja sogar«, meinte Lena, »deine Pfirsichhälften sich beeindruckend. Ich glaube, da werde ich später zugreifen.«

Dann traf Busen auf Busen, Zunge auf Zunge, und die Hände waren im Dauereinsatz. Lenas Körper reagierte stark auf Veras Zuwendungen, die sich als wahre Meisterin herausstellte. Ihre Angst war wie weggeblasen, als sie Lenas Brüste in ihre Hände nahm, sie zusammendrückte und beide gleichzeitig mit ihrer Zunge bediente.

Es war ein unglaublich erregender Moment für Lena und sie schloss ihre Augen, um ihn gebührend zu genießen. Und so führten die beiden sich eine ganze Weile Lust zu, saugten, leckten ihre Geschlechter, spielten erregende Spiele, so gut es eben in diesem engen Gefährt hier möglich war.

Dann bat Vera Lena, die eben kleiner war als sie, die Aufzugwand hinaufzuklettern, damit sie ihre saftige Möse besser genießen könne. Lena hatte keine Mühe damit, sich im Fahrstuhl hochzurobben, bis Vera meinte, das sei die rechte Position.

Sie schnalzte mit der Zunge. Ein Ausblick war das, so etwas wurde einem auch nicht oft geboten. Die Frau war unglaublich feucht, ihr kleiner Stempel in der Mitte hatte sich vorwitzig aufgerichtet und ihre Labien pustete Vera ein wenig auf, sodass sie an ihnen saugen und sanft an ihren knabbern konnte, dann tunkte sie ihre Zunge in Lenas Honigtopf.

Lena stand schon unter Feuer, doch als Vera ihre Fingernägel einsetzte und damit leicht die Innenschenkel hinauf- und wieder hinabfuhr, da explodierte Lena. Vera konnte sogar beobachten, wie sich durch die Spasmen Lenas Möse zusammenzog, und sie schrie vor Begeisterung. Denn aus dieser Perspektive hatte sie auch noch keinen Orgasmus erleben dürfen.

Lenas saftige Möse und Veras Talent, ungewöhnliche Spiele zu spielen, schweißten die beiden Frauen in der nächsten Stunde eng zusammen. Auch Lena trieb Vera zu einem grandiosen Höhepunkt, indem sie sie mit ihrem BH das Geschlecht rieb und sie dann mit einem Finger befriedigte.

Die werdende Mutter war so erregt, dass sie augenblicklich kam, und eine Weile brauchte, um sich wieder zu sortieren. Es war unglaublich, was den beiden Frauen in der Fahrstuhlkabine so alles einfiel, denn Vera legte sich mit gespreizten Beinen auf den Boden und Lena stellte sich quer zu ihr, und dann rieben sie ihre Mösen aneinander, dass es eine Wonne war. Beide kamen sie gleichzeitig und danach setzte Lena sich vor die werdende Mutter und das Spiel begann von vorn.

Später konnte man nicht mehr genau sagen, was erregender gewesen war, aber das Spiel, sich voreinander zu setzen und sich seine Mösen zu reiben, war schon sehr heiß. Die Funken sprühten, Lena konnte gar nicht genug von Vera bekommen und auch Vera machte keinen Hehl daraus, dass sie sich gut amüsierte. Es war ein ausgesprochen erregendes Bild, als die beiden Frauen ihre Busen aneinanderdrückten, sich zärtlich in die Augen sahen, sich küssten und mit sanfter Hand eine neue Stimulation begannen. Da gab es kein Vertun mehr, die beiden waren hocherregt und es hätte sich ein grandioses Bild geboten, wäre diese Liebelei zu sehen gewesen. Vera leckte Lenas Ritze so wundervoll, dass es der jungen Frau vorkam, als würden Tausende von Sternschnuppen auf sie herabrieseln. Sie zitterte am ganzen Körper und Vera flüsterte: »Ich bin da.«

Nach einer gewissen Zeit wandte man sich dem Po zu, denn Lena hatte tatsächlich einen sehr schönen Hintern und Vera ebenfalls. Diese fragte Lena sogar, ob sie da hätte etwas aufspritzen lassen, doch sie schüttelte empört den Kopf.

»Es soll so etwas geben, wie den perfekten Po; bei mir haben sie an der Größe gespart, aber nicht an meinem Hintern.« Spielerisch klatschte sie darauf und Vera lachte, griff zu und meinte: »Lecker. Das Teil kann sich sehen lassen.«

Lena grinste und meinte: »Tagtägliche Übungen machen auch aus deinem einen echten Knackarsch. Ist echt wahr.«

Vera schnalzte mit der Zunge.

»Schon stark, doch das wollte ich gar nicht wissen.«

Lena stöhnte, denn Vera war ohne Vorankündigung mit gleich mehreren Fingern in Lenas Hinterteil eingedrungen und massierte dieses nun, während die Spitze ihrer Zunge Lenas verlängerten Rücken stimulierte.

Beiden Frauen kam es so vor, als hätten sie wochenlang keinen Sex genossen, was nicht stimmte. Aber die besondere Situation hatte dazu geführt, dass die Frauen schneller zu Orgasmen kamen und sich fantasievollere Spiele ausdachten. Dieser viereckige Kasten würde vielleicht sogar dazu dienen, ein Wochenende darin zu verbringen, doch daran mochten die beiden Frauen jetzt gar nicht denken.

Sie genossen ihre liebevollen Berührungen, multiple Orgasmen waren die Folge von eindringlicher Massage und Vera küsste sogar Lenas Füße, als diese ihr einen unglaublich schönen Orgasmus bescherte.

Doch auch wenn man es lieber vergessen wollte, die Zeiger der Uhr schritten merklich voran, und als Lena das nächste Mal darauf sah, meinte sie: »Mist, schon achtzehn Uhr vorbei, da arbeitet doch keiner mehr!«

Vera wusste es besser.

»Das Callcenter unten ist noch bis zwanzig Uhr besetzt, bis dahin muss auch jemand von der Technik hier sein. Wenn mal ein Computer ausfällt. Das wäre ja nicht auszudenken, aber so ein besch…« Sie verkniff sich gerade noch das Wort, welches ihr auf der Zunge lag.

Und man sollte es nicht für möglich halten, doch es war Vera, die meinte: »Zumindest ich habe richtig Spaß gehabt. Du bist so völlig anders als auf der Büroetage. Ich habe immer gedacht, weil du so klein bist, hast du irgendwelche Probleme mit dir selbst!«

»Quatsch«, meinte Lena und zog Vera zu sich heran. »Ich weiß, dass ihr mich Zwerg nennt, das ist mir egal, aber dich betitelt man auch als Zicke. Zwerg zu Zicke, da passt doch!«

Die beiden brachen in helles Gelächter aus, Lenas Körper war von Veras Liebesbeweisen noch immer aufgeheizt und auch Vera konnte noch nicht so wirklich runterkommen, doch irgendwie musste es ja weitergehen.

***

Also schrien sie noch einmal wie am Spieß, machten auf sich aufmerksam und bollerten wie verrückt gegen die Fahrstuhltür. Dann drückten sie wieder alle Knöpfe auf einmal. Sie hingen hier seit eineinhalb Stunden fest und allmählich müsste doch auch der letzte Techniker bemerkt haben, dass da irgendetwas nicht stimmte.

Doch es tat sich immer noch nichts. Kein Anfahren, kein Anrucken. Man konnte es als Galgenhumor bezeichnen, als Vera urplötzlich an Lenas Brüste griff, an ihnen saugte und leckte und mit hocherhobener Stimme sagte: »Uns kriegt der Teufel noch nicht. Wir kämpfen, und wenn wir diese verdammte Tür selbst eintreten müssen!«

Lena lachte herzhaft.

Sie hatte sich vieles vorstellen können an einem Freitagnachmittag, aber mit ihrer Erzfeindin in einem Fahrstuhl eine Liebes-Session abzuhalten, war wohl das Allerletzte, woran sie gedacht hatte.

Trotzdem musste sie zugeben, dass es ein vorzüglicher Zeitvertreib war, mit Vera erotische Spiele zu spielen. Es war ihr nicht bekannt gewesen, dass die Frau so wunderbar küssen konnte und ihr eigener Sinn für Humor war bemerkenswert.

Sie ruhten einen Moment, denn die Luft wurde doch ziemlich knapp und Lena lehnte sich gegen Veras Babybauch. Sie war sehr neugierig und fragte Vera Löcher in den Bauch; ob sie tatsächlich noch nichts spüren würde, ob sie einen Kaiserschnitt machen ließe, und und und.

Vera lachte und meinte: »Probier's doch einfach mal selbst. Ich gebe dir gern die Adresse des Instituts, ist empfehlenswert. Du fragst mir ja Löcher in den Bauch.«

Lena schüttelte den Kopf.

»Weißt du doch, dass meine Frau nicht will. Habe ich dir doch vorhin erzählt.«

Es klang etwas traurig, sodass Vera nachschob: »Na ja, es gibt ja noch mehr Frauen auf der Welt. Wenn's mit der einen nicht klappt … ich meine.«

Lena schaute sie an. »Und das aus deinem Mund, hätte ich auch mal nicht gedacht. Ich glaube, du bist gar keine Zicke und ich kein Zwerg, wir sind beide richtig geile Frauen, die sich beide völlig neu kennengelernt haben.«

»So sieht es zumindest aus«, meinte Vera und legte sich mit dem Kopf hinten auf, ruhte ein wenig. Sie waren beide müde, hatten schon wieder Hunger und dann stieß Vera Lena an.

»Menschenskind, du bist eingeschlafen. Du schnarchst hier rum, und ich, ich sterbe von Hunger.«

Lena musste sich erst mal orientieren, denn sie war tatsächlich eingenickt, was ihr peinlich war, dann meinte sie: »Ja, Herrgott, wir können ja nicht immer miteinander spielen.«

Vera reichte es.

Mit ihrer ganzen Wut im Bauch hämmerte sie gegen die Tür und schrie noch lauter: »Hey, ist denn da irgendjemand noch bei der Arbeit. Wir sitzen hier in diesem Fahrstuhl fest. Hey, hallo!«

Dann ein Knistern. Leben! Irgendetwas erwachte zum Leben!

Der Fahrstuhl knarrte, rührte sich aber noch nicht von der Stelle.

Die beiden Frauen bekamen wieder Hoffnung, entsprechend laut antworteten sie, als jemand durch die Rufsäule anfragte: »Ist da jemand?«

»Hey«, schrie Vera, »wir sitzen hier seit fast zwei Stunden fest und würden gern nach Hause gehen. Dieser Fahrstuhl kommt aus den oberen Stockwerken, ich kann Ihnen nicht sagen, in welchem wir uns jetzt befinden!«

»Moment!«

Einen Augenblick herrschte Stille und Vera wisperte: »Der Typ scheint zumindest eine Ahnung zu haben, worum es hier geht.«

Gespannt warteten sie, bis der Mann sich wieder meldete. Wie sich herausstellte, war bereits ein weiterer Monteur in den Fahrstuhlschacht gestiegen, um von oben her die Leitung zu reparieren. Später würden die Frauen erfahren, dass das Team bereits seit geraumer Zeit an einer defekten Leitung arbeitete. Nur das hatten die Frauen natürlich nicht mitbekommen. Das Problem schien nun gelöst, und in der Tat setzte sich der Fahrstuhl binnen Sekunden in Bewegung und beide Frauen ächzten: »Was für ein Start in das Wochenende!« Sie fielen sich in die Arme, froh darüber, dass es endlich vorbei war.

***

Mit weichen Knien traten sie aus dem Fahrstuhl heraus, als dieser im Foyer hielt. Sie pressten den Monteur an sich, küssten ihn sogar auf die Wange und sagten, dass er ihnen das Wochenende gerettet habe. Sie wären fast gestorben vor Angst.

Der Monteur grinste und meinte: »Wieder eine gute Tat, die wir vollbracht haben. Freut meinen Kollegen und mich immer wieder, wenn wir helfen können. Wir sind froh, dass sie wieder bei uns sind. So ein Einschluss in einem Fahrstuhl stelle auch ich mir relativ gruselig vor.«

»Da könnten sie recht haben«, meinte Lena und kuschelte sich an Vera. Die schwieg wie ein Grab, ganz einfach, weil sie keinen Ton herausbekam.

Als sie endlich vor dem Gebäude der Versicherung standen, blickten sie hinauf und Lena deutete mit dem Finger auf die zehnte Etage. »Da oben haben wir gehangen!«

»Erinnere mich bloß nicht daran«, meinte Vera, »mir ist jetzt noch schlecht und ich habe weiche Knie!«

Sie standen vor dem Gebäude und Vera fragte Lena: »Sag

mal, wolltest du nicht in die Badewanne? Ich meine, vielleicht sollte ich mitkommen, wenn du es erlaubst. Ich hab eigentlich derzeitig null Bock darauf, nach Hause zu gehen. Es waren so herrliche Spiele der Lust – was denkst du?«

»Ich würde es gut finden«, meinte Lena und grinste. »Ich habe da nämlich auch so einige Ideen, wie wir den Tag ausklingen lassen können.«

***

Sie fuhren mit der Straßenbahn einige Stationen, Lena wohnte in einem ruhigen Viertel der Stadt und als sie die Wohnungstür aufschloss, pfiff Vera anerkennend durch die Zähne.

»Donnerwetter, das nenne ich mal Stil! Du hast aber einen sehr erlesenen Geschmack, meine Liebe. Da passt ja alles hundertprozentig zusammen. Respekt. Echt geile Bude!«

Lena lachte. »Hat mein Vater eingerichtet. Er ist Dekorateur im Ruhestand und hat es sich natürlich nicht nehmen lassen, seiner Tochter die erste eigene Wohnung einzurichten.«

Und der Vater hatte ganze Arbeit geleistet.

Die Farben waren harmonisch aufeinander abgestimmt. Die grüne Farbe, mit der die eine Seite des Wohnzimmers gestrichen war, sprach Vera ganz besonders an, erinnerte sie doch an den Frühling, alles sah so frisch aus. Lenas Vater hatte lediglich Akzente gesetzt; zwei Wände weiß gestrichen und die anderen in einer Farbe, die er selbst ausgewählt hatte, wie sie Vera berichtete.

Hatte sie auch noch nicht gehört, dass man Akzente setzen müsse, wie so vieles was sie heute das erste Mal gehört hatte. Vera kam zu der Erkenntnis, dass sie Lena völlig unterschätzt hatte, und sie zog sie an sich, küsste sie zärtlich und lachte: »Du züchtest auf deinem Balkon Kräuter, das ist ja putzig. Und ein Vogelhaus hast du auch hängen. Sag mal, bist du so eine Öko-Tante?«

Lena lachte. »Nein, aber ich habe sehr viel für die Natur über. Los und jetzt komm und lass uns in die Wanne steigen.«

Lena hatte das Wort kaum ausgesprochen, da war Vera auch schon nackt und Lena drehte das heiße Wasser auf, entkleidete sich und beide fühlten mit den Füßen, ob es angenehm war. Dann ließen sie sich ins Wasser sinken und sagten unisono: »Mein Gott, was für eine Entspannung!«

»Da fällt ja wirklich so einiges von mir ab. Ich habe mich echt gefürchtet.« Diese Worte kamen von Vera, der Lena so etwas am wenigsten zugetraut hätte. Fürchten?! Der Drachen vom Dienst doch nicht!

Doch sie hatte in diesen Stunden ein anderes Bild von der Frau bekommen, die ihre Erzfeindin darstellte, und sie würde sie nie wieder so nennen.

Sie war hübsch, sie hatte Stil und sie hatte sie geliebt, als wären sie seit Jahren befreundet. Es war herrlich gewesen, und jetzt war es noch viel schöner, in der Badewanne zu planschen, sich gegenseitig mit den Füßen Lust zuzuführen und Spaß zu haben.

»Das wird deinem Kind sicherlich ebenfalls Spaß machen«, meinte Lena und lachte, als sie sich zu Vera auf die andere Seite setzte und sich die Brüste massieren ließ.

»Oh, ich denke, das wird es bestimmt. Nur ich werde kein großes Tamtam um dieses Kind machen. Ich werde weiter arbeiten gehen, ich werde mein Leben leben. Sie ist einfach da und wird groß werden, so wie du und ich.«

Sie zog ein wenig an Lenas Nippeln, als sie weitersprach: »Weißt du, ich mag es nicht, wenn Kinder verzärtelt werden, es ist nicht gut. Sie werden nie selbstständige Menschen werden. Ist meine Meinung.«

»Na ja«, meinte Lena, »da ich überhaupt keine Erfahrung in Sachen Kindern habe, und wohl auch nie bekommen werde, enthalte ich hier mal.«

Vera grinste. »Aber ist doch wahr, oder?«

Lena zuckte mit den Achseln, griff zum Shampoo, wusch Vera die Haare und Vera stöhnte leise auf. Lena holte tief Luft, als Vera plötzlich sagte: »Du, kannst du dir eigentlich vorstellen, mit mir zusammenzuziehen? Ich glaube, bei mir hat es gekracht. Ich bin total in dich verknallt.«

Lena holte tief Luft.

»Wie? Das kann doch nicht sein – wir stehen beide in einer Beziehung!«

»Beziehungen kann man lösen, so etwas passiert«, kam der Kommentar von Vera, »und jetzt lass uns spielen.«

Sie strich mit ihrem Fuß über Lenas Haut, berührte sanft den Venushügel und fuhr mit der Spitze ihres Fußes in Lenas Möse hinein. Ein Prickeln durchlief den gesamten Körper der jungen Frau, die sich in der Badewanne aufbäumte und kaum mehr wusste, was überhaupt passierte. Diese extreme Hitze, die sie spürte, war nicht normal.

War sie etwa auch scharf auf Vera? Das konnte nicht sein. Doch das Wasser fühlte sich viel wärmer an, als es in Wirklichkeit war. Lena schwitzte. Erregt leckte Vera den Schweiß von Lenas Alabasterhaut. Ihre Finger gruben sich tief in das Geschlecht der Frau ein, von der sie heute Morgen noch eine ganz andere Meinung hatte.

So viel Innigkeit wie derzeitig, hatte zwischen den Frauen noch nie geherrscht.

Die kräftigen Stöße, die Vera mit ihren Fingern Lena zukommen ließ, brachten die Frau ein letztes Mal zum Orgasmus und Vera flüsterte leise: »Du merkst es doch selbst, du gehörst zu mir. Lass uns zusammenbleiben, wir waren beide blind.«

»Gib mir einen Tag, ich muss nachdenken«, meinte Lena. »Du nimmst das alles so locker, was willst du deiner Partnerin erzählen, dass du Sex im Fahrstuhl hattest und dass es dabei ZOOM gemacht hat, oder was?«

»Na klar«, meinte Vera, nun wieder aufgeräumt, »ich sage immer die Wahrheit. Lügen haben kurze Beine, meine Liebe!«

»Einen Tag, bitte!«

»Aber nur einen!«

Vera hielt einen Finger hoch, schaute sich im Zimmer um, fand eine Stereoanlage, zog eine Augenbraue hoch, nachdem sie Lenas Musikgeschmack ausgekundschaftet hatte: Mozart, Chopin, Rachmaninow … hätte sie ihr gar nicht zugetraut.

Dann lag da noch ein Blatt Papier auf dem stand FÜR und WIDER. In der Ehe von Lena schien es also bereits zu kriseln. Doch das wollte sie ja gar nicht, die beiden Frauen auseinanderbringen, sie hatte nur das Gefühl, dass sie beide besser zusammenpassten, und Lena eine bessere Mutter sein würde.

***

Der nächste Tag kam schneller als gedacht.

Um sieben Uhr morgens rief Vera an, und Lena meldete sich völlig verschlafen.

»Hast du keine Ruhe, oder was?«

»Ich stehe vor deiner Tür. Machst du auf und lässt mich in dein Leben? Ansonsten fahre ich ins Hotel!«

Völlig baff zog Lena die Gardine zurück, tatsächlich! Da stand sie mit einem großen Koffer und winkte nach oben, warf Kusshändchen und tat so, als wäre nichts gewesen. Gott sei Dank war Lenas Frau für ein paar Tage bei ihren Eltern, doch zurückkommen würde auch sie wohl kaum, wenn sie erfuhr, was hier los gewesen war.

Lena öffnete und fiel Vera um den Hals.

»Tja, da sind wir also. Lass es uns probieren«, meinte Lena und sträubte sich nicht, als Vera sie wieder ins Bett zog und meinte: »Und jetzt wird geschlafen. Ich bin todmüde, aber ich musste das für mich klären, und du für dich! Zu welchem Ergebnis bist du eigentlich gekommen?«

»Habe ich gerade gesagt!«, meinte Lena und lächelte schief. »Lass es uns probieren. So ein verrücktes Wochenende!«

»Sagt eine Frau, die man Zwerg nennt!«, meinte Vera und lachte und Lena schoss nach: »Und du bist ja auch nicht gerade mit tollen Sprüchen gesegnet.«

Sie küssten sich, sie rieben sich aneinander, sie leckten sich und dann schliefen sie ermattet ein. Der Sonntag war der Liebe gewidmet und man bemühte sich erst gar nicht darum, aus dem Bett zu kommen. Dann telefonierte Lena mit ihrer Frau, um ihr die Neuigkeit mitzuteilen.

»Was hat deine Frau eigentlich gesagt?«, fragte Vera lauernd, als sie einen Kaffee tranken, den Lena ihr am Bett servierte.

»Dass sie nicht mehr aus Bad Gandersheim zurückkommt. Sie bleibt bei ihren Eltern, und ich sei so eine falsche Schlange, sie habe bereits ihr Leben mit mir geplant.«

»Dumm gelaufen«, meinte Vera, packte Lena, fiel ihr um den Hals und flüsterte: »Und du gehörst jetzt mir. Ich kann dir keine Garantie geben, aber ich werde versuchen, fair zu dir zu sein. Du wirst eine gute Mutter werden, da bin ich mir ganz sicher, und wir beide werden versuchen, eine richtige Familie zu sein, alles klar?«

»Alles klar!«, meinte Lena und ließ sich in die Kissen sinken; sie schlief sofort ein.

Geile lesbische Spiele beim Naturvolk

Mein Name ist Avena Garden, ich bin Anfang dreißig und eine Weltenbummlerin. Ich habe mir zum Ziel gesetzt, die letzten Naturvölker unserer Erde ausfindig zu machen und eine Zeit lang gemeinsam bei ihnen zu leben.

Ich bin nach Südamerika aufgebrochen und war insgesamt sieben Jahre unterwegs, habe bei einigen Naturvölkern gelebt, und nicht immer war mir so wohl dabei, wie bei Sharin und ihrem Stamm. Die Willkommensnatur war oftmals gewöhnungsbedürftig. Kannte man sie und setzte man sie richtig um, waren es die freundlichsten Menschen, die ich jemals kennengelernt habe.

Sieben Jahre. Diese Zeit kommt mir im Nachhinein wie ein Wimpernschlag vor, doch ich greife den Ereignissen voraus.

***

Die Regenwälder und die Mammutbäume, die den südamerikanischen Kontinent noch immer beherrschen, sind gewaltig. Man kann kaum beschreiben, wie groß und stark die Bäume sind. Ihre Spitzen reichen bis in den Himmel hinein; so jedenfalls war mein Gefühl, als ich das erste Mal einen solchen Baum sah. Sie sind so gewaltig, dass kaum Licht in den Wald eindringt, und trotzdem ist überall Leben.

Papageien kreisen um meinen Kopf herum, stoßen laute Schreie aus. Schauen, wer sich hierher verirrt hat. Kleine, lustige Vögel zwitschern auf den Ästen der Bäume und lassen mich schmunzeln. Anderes Getier klettert überall herum. Ja, es gibt auch Schlangen hier und aufpassen muss man auf Vogelspinnen, und Affen sind auch nicht immer gutmütig, aber sie sind vielleicht die Letzten ihrer Art die in freier Wildbahn aufwachsen.

Mich hat all das unglaublich beeindruckt. Allein die Vielfalt der Papageien war es wert, so ein Abenteuer anzugehen. Die Route, welche ich gehen wollte, war jedoch in den ersten Tagen etwas holperig, und so verlief ich mich gnadenlos. Ich wollte zurückgehen, doch auch da hatte ich den roten Faden verloren.

Plötzlich sah ich zwei Augen, die durch das Gebüsch lugten. Es waren warme, gutmütige Augen, und ich kann mit Recht behaupten, dass ich froh war, auf sie zu treffen.

Ihr Name war Sharin und sie befreite mich aus meiner misslichen Lage, brachte mich zu ihrem Volk. So lernte ich schneller als gedacht das erste Naturvolk kennen, als ich es mir vorgenommen hatte. Ich wurde durchaus misstrauisch beäugt, denn jede Fremde war eine potenzielle Gefahr für die Frauen, die sich tief im Wald eine Lebensgemeinschaft aufgebaut hatten.

Die Naturvölker sind sehr eigenwillig und beäugen einen mit Augen, die tief in deine Seele schauen können. So jedenfalls kam es mir vor, und Sharin bestätigte es. Sie erklärte den Frauen, dass ich mich verlaufen hätte und nun eine Weile bei ihnen wohnen würde. Das beruhigte die Frauen und sie griffen in meine Haare. Erst da fiel mir auf, dass der gesamte Stamm haarlos herumlief. Sie tasteten mein Kleid ab, denn sie waren alle nackt. Nur an hohen Feiertagen, so sagte man mir später, trugen sie ein Baströckchen, mehr nicht. In dieser feucht-schwülen Luft floss auch so der Schweiß in Strömen.

Sharin bat mich, zu der Schamanin zu gehen und mich vorzustellen.

Sie zeigte auf eine Frau, die wie eine Art Göttin vor ihrer Hütte thronte, eine Krone aus großen, dicklichen Blättern, verziert mit Papageienfedern und etwas, was ich nicht kannte, auf ihrem Kopf. Sie nickte mir zu, und ihre Augen schienen durch mich hindurchzusehen, als sie sagte, es sei ihrem Volk eine Ehre, mich als Gast begrüßen zu dürfen. Man würde sofort eine Hütte fertigmachen, in welcher ich wohnen könne, solange ich wollte.

Als ich zögerte, zog sie die Augenbrauen hoch. Es kam offenbar einem Affront gleich, dass ich nicht sofort zugestimmt hatte. Willkommenskultur schien hier ein hohes Gut zu sein.

Die Hütte war einfach gehalten, jedoch sehr sauber. Matten aus geflochtenen Palmwedeln dienten als Bettstatt. Etwas anderes war auch nicht da, wurde vermutlich auch nicht gebraucht. Die Schamanin räucherte die Hütte aus und erklärte mir in fließendem Englisch, dass ich nun die Räumlichkeit betreten könne, sie wäre frei von schlechtem Karma.

Ich bedankte mich höflich, und die Frauen, die mich schon willkommen geheißen hatten, kamen näher. Mein Rucksack hatte es ihnen angetan. Sie lachten über das merkwürdige Teil, ich zeigte auf meinen Rücken und sie auf ihren Kopf.

Natürlich, sie transportierten ihre Waren stets auf dem Kopf – doch etwas anderes erregte meine Aufmerksamkeit. Alle Frauen trugen Zeichen auf der Haut. Vermutlich waren sie mit einem Messer eingeritzt worden. Die Schamanin trug eine Kette um ihre Taille, andere Knöpfe in den Ohren, wieder andere Frauen hatten Motive an Unterarm und Wange. Vielleicht hatte es etwas mit der Rangordnung zu tun. Genau wusste ich es natürlich auch nicht.

Es war beeindruckend, dies zu sehen, und ich wollte schon fragen, als die Schamanin ansetzte und sagte: »Die Riten des Stammes werden auf keinen Fall enthüllt werden. Was diese Muster zu bedeuten haben, wird niemand erfahren.«

Ich entschuldigte mich sofort, wollte mich in meiner Hütte verkriechen, doch die Schamanin winkte ab. Sie hatte dicke Hornhaut unter den Füßen. Kein Wunder, zeit ihres Lebens war sie barfuß gelaufen, wie alle anderen Frauen auch. Sie lebten wie vor hundert Jahren und waren glücklich und zufrieden.

***

In den ersten Wochen unterhielt ich mich fast ausschließlich mit der Schamanin, welche der englischen Sprache mächtig war, doch ich bemühte mich auch, die Sprache des Stammes zu erlernen, was nicht so einfach war.

Alle Frauen gingen einer geregelten Arbeit nach, sammelten Holz, pflückten Beerenobst und sammelten Pilze. Auch suchten sie nach Samen, aus denen man Brot herstellen konnte; ich musste schlucken, als ich hörte, was die Schamanin noch so alles von sich gab, doch diese meinte: »Nur keine Vorurteile, erst probieren, dann philosophieren.«

Und dann war ich doch erstaunt darüber, was man so alles essen konnte. So viele Sinneseindrücke musste man erst einmal verdauen. Da gab es Heuschrecken, die wirklich lecker schmeckten, es gab Früchte, die reif und saftig waren, und es gab Maisbrot. Woher die Frauen den Mais nahmen – ich wusste es nicht.

Nun hatte ich nicht unbedingt angenommen, dass es hier Handyempfang gab. Aber hier schien tatsächlich die Welt zu Ende zu sein. Außer dem, was der Wald dem Stamm zugedachte, gab es hier nichts. Und dieses Volk vergaß niemals, sich bei dem Wald zu bedanken. Im Einklang mit der Natur zu leben, brachte eigene Kodexe hervor. Die Frauen orientierten sich an dem Mondzyklus, aber auch an den welken Blättern an den Bäumen; sie wussten sehr wohl, wann die Jahreszeiten wechselten, und stellten sich darauf ein.

Ich holte ein Buch hervor und wollte mir Notizen machen, als Sharin ehrfurchtsvoll über das Papier strich. Erst da wurde mir klar: Diese Frau hatte in ihrem Leben noch nie ein Buch in Händen gehalten.

Ich gab es ihr und sie blätterte ehrfürchtig die Seiten um, strich über das feine Papier, und ich fragte mich kurzzeitig, wie sie reagieren würde, würde ich ihr erzählen, dass dafür einige Bäume hatten sterben müssen.

Das Naturvolk war unglaublich sensibel. Die Riten und Gebräuche waren völlig anders, als von mir erwartet. Alles, was ich gelesen hatte, konnte ich vergessen; hier galten andere Regeln. Mädchen wurden bereits mit vierzehn Jahren zur Frau, doch ich vermisste eine Zutat: Wo waren die Männer?

Als ich die Schamanin danach fragte, verzog sich ihr Gesicht hasserfüllt und sie sagte: »Männer«, und spuckte aus, »sie sind gemacht, um Unfrieden zu stiften, Frauen zu vergewaltigen und sie sich untertan zu machen. Wir haben sexuelle Praktiken erleben müssen, die ich lieber nicht erzählen möchte. Wir bekamen Kinder, wurde es ein Mädchen …«, sie senkte den Kopf. »Nur Buben waren erwünscht, sie sollten den Stamm erhalten und irgendwann selbst Kinder zeugen, damit der Stamm niemals untergehen würde. Eines Tages hatten wir genug. Als die Männer alle auf der Jagd waren, weil irgendwo ein Wapiti gesichtet worden war, machten wir uns auf den Weg. Wir gingen lange Wochen, vielleicht sogar Monate. Wollten weit weg von dem Mannsvolk, welches uns geschlagen, gequält und angespuckt hat. Sie schlugen uns, und ich schwöre bei allen Geistern, die ich kenne: Hier wird niemals ein Mann Einlass finden. Selbst unsere Söhne ließen wir bei ihnen, sollten sie doch sehen, wie sie mit ihrem Nachwuchs glücklich wurden. Nur unsere weiblichen Nachfahren nahmen wir mit und gründeten unseren eigenen Stamm. Aus uns ist ein starkes Volk geworden, uns kann keiner etwas. Wir wissen uns zu wehren, und mittlerweile sind wir heimisch geworden.«

Ich nickte, fassungslos.

Warum die Köpfe aller Frauen kahlrasiert waren, hatte ich mir schon zusammengereimt. Das Getier, was sich hier im Kral tummelte, machte auch mir bereits zu schaffen, sodass Sharin sich anbot, mich ebenfalls zu rasieren.

Ich nahm die Einladung gern an und war völlig perplex, dass sie auch meine Schamhaare entfernte, die nachgewachsen waren. Sie gestikulierte, dass sich auch dort Ungeziefer breitmachen konnte, und ich schüttelte mich.

Sie grinste breit, holte eine Heuschrecke aus meinem Busch,

den ich nun nicht mehr trug, und ich schrie entsetzt auf. Sie kicherte und wir blieben eine ganze Zeit lang zusammen.

Die Kinder spielten friedlich unter der Aufsicht von Frauen, die eigens dafür abgestellt waren. Sie hatten Äffchen zum Spielen und sogar ein paar Hunde hatten sich im Laufe der Zeit im Urwald verirrt. Irgendjemand mochte sie mitgebracht haben.

***

An sich ist der Urwald ein feindlicher Ort. Schnell erkannte ich das Gesetz des Fressens und Gefressenwerdens. Als die Schamanin erzählte, dass sie auch des Öfteren Schlangenblut benötige, um ihre Getränke zuzubereiten, wurde mir beinahe schlecht.

Sie kicherte aus einem zahnlosen Mund und meinte, das würde die Frauen stark machen und sie hätten hier kaum Krankheitsfälle. Auch ließe sich aus Schlangenfleisch ein leckerer Eintopf herstellen und ich schluckte zum zweiten Mal.

Möge es mir erspart bleiben, irgendetwas in dieser Art zu mir nehmen zu müssen. Fortan ernährte ich mich von Früchten und Pilzen, die mir bekömmlich waren und mich sättigten. Viele der Früchte waren mir unbekannt, doch sie bauten mein Immunsystem wieder auf und die Schamanin mit ihrem messerscharfen Verstand nickte, als ich mit gutem Appetit aß. Ich würde etwas Zeit brauchen, aber ich war gewillt, mich in diesem Kral zurechtzufinden.

Rasch bemerkte ich, dass die Frauen miteinander schliefen. Sex genossen, und das mehr als leidenschaftlich. Wurden sie zu Frauen, setzte also ihre Periode ein, sah man dies an einem Pfeil, welcher durch das Kinn gebohrt wurde. Ein untrügliches Zeichen, dass aus dem Mädchen eine Frau geworden war. Zuvor war der Unterleib der Frauen absolute Tabuzone.

Man machte sich über meine prallen Brüste lustig, denn hier galt es schick, wenn die Brüste weit hinunterreichten;

dann war man gesegnet und anerkannt. Nun, es gab Dinge wie diese, daran gewöhnte ich mich schwerlich.

Doch in einem hatte die Schamanin recht. Was auch immer sie mir in den sieben Jahren einflößte, es war nur zum Vorteil für mich. Sexuell ließ ich mich fallen, ich fand zu mir selbst und außer einem Schnupfen war ich putzmunter.

Doch ich schweife ab.

Die Welt, in der die Frauen das Regiment führten, war für mich zu Beginn schwer begreiflich. Ich mochte nicht glauben, dass man so leben konnte. Mit der Zeit jedoch musste ich diese Ansicht revidieren. Man konnte hier sogar sehr gut leben, ernährte sich von dem, was der Wald einem schenkte: Kräuter, Pilze und andere Leckereien gab es in Hülle und Fülle und auch die leckeren Beeren wuchsen überall.

Die Frauen verstanden es, daraus ein schmackhaftes Mahl zu kochen, alle waren praktisch veranlagt. Sie hatten sich eine Wasserstelle angelegt, an welcher sie gleichzeitig ihren Durst stillten und die Kinder und sich selbst wuschen. Es gab einen riesigen Kochtopf mit einer ebensolchen Feuerstelle, wo die Mahlzeiten zubereitet wurden. Der Urwald war ihr Supermarkt und das Angebot riesig.

Was ich kaum glauben konnte: Diese Frauen besaßen auch Waffen. Sie hatten sie mitgenommen, als sie gegangen waren. Äxte, Speere und andere nützliche Gerätschaften hatten sie entwendet, um sich vor gefährlichen Tieren zu schützen und Dinge für den täglichen Bedarf zu schnitzen.

***

Ganz allmählich wuchs ich in diesen Stamm hinein. Ich akzeptierte ihre Brauchtümer, kannte ihre Riten, und wenn ich erschöpft war, und in meine Hütte kroch, bettete ich mich wie selbstverständlich auf mein Palmenblatt und schlief ein. Die Geräusche des Waldes, das Jaulen unterschiedlichster Tiere, all das störte mich nicht mehr. Ich war im Einklang mit mir selbst. An diesem Punkt angekommen, lebte ich bereits seit einem halben Jahr bei dem Naturvolk.

Zugegeben, die erste Zeit hatte ich extreme Probleme. Ich konnte nicht schlafen, hatte Angst, dass mich irgendein Tier zerfleischte, und ich wartete auf den Morgen. In dieser Zeit kam Sharin oft zu mir, hielt meine Hand und fuhr sanft über mein Gesicht hinweg, rieb mich mit einer grünlichen Paste ein, küsste mich sanft und irgendwann schlief ich dann doch ein. Ich fand es schön, von einer Frau berührt zu werden. So sanft, so liebevoll die Hände. Sie befingerte meinen Busen, welcher auch ihr zu prall erschien, doch gerade das schien sie zu reizen. Alles Fremde reizte sie, und ich zeigte ihr meine roten Nippel, mit denen sie lachend spielte und daran saugte. Ich zeigte auf ihre, und sie kicherte leise.

Sie zeigte auf meinen Unterleib, und ich spreizte meine Beine. Erstaunt fuhr Sharin mit ihren Fingern über mein Tattoo, dass ich mir aus einer Laune heraus vor vielen Jahren hatte stechen lassen. Eine Jugendsünde, doch sie zeigte auf ihren Stab, welcher ihr Kinn verschönerte.

»Beides schön!«

Mittlerweile sprach sie ganz gut Englisch und ich mühte mich ab, ihre Sprache zu verstehen.

Ich nickte und sagte: »Erkennungsmerkmale.«

Sie entblößte blütenweiße Zähne, und zwischen den Vorderzähnen klaffte eine kleine Lücke, was sie unglaublich charmant wirken ließ. Sie sah so niedlich aus, dass ich drauf und dran war, mich in sie zu verlieben. Nahm man an, dass die Haut dieser Frau ledern war, so täuschte man sich ebenfalls. Durch das Aloe Vera, welches hier überall zu finden war, wurde die Haut weich gehalten und Sharin war noch sehr jung. Ich wollte Sex mit ihr, küsste sie sanft. Sharin sah dies allerdings nicht als Liebesbezeugung an. Hier hatte jeder spontanen Sex, wann es ihm beliebte, sie lächelte und meinte: »Sex ist doch nun wirklich das Natürlichste von der Welt.«

Ich grinste und musste gestehen, dass ich diesen Stamm immer lieber mochte. Die Gesetze des Urwaldes waren nicht immer schön, beispielsweise wenn die Mädchen zur Frau wurden. Ihre erste Regel kam, das Jungfernhäutchen wurde entfernt und vergraben, die jungen Frauen mussten die Stelle mit ihrem Urin befeuchten, dann erst erklärte die Schamanin sie zu Frauen.

Als ich sie fragte, was dieses Ritual aussagte, sagte sie kurz angebunden: »So wird es seit Urzeiten zelebriert. Die Altvorderen sagen uns, was wir zu tun und zu lassen haben, und danach richten wir uns.«

Ich nickte.

Dazu gab es nichts mehr zu sagen.

Nach neun Monaten übermannte mich eine Art Lagerkoller. Ich flippte regelrecht aus, mir gingen die Kriechtiere auf den Geist, ich hatte eine nächtliche Begegnung mit einer Schlange und meine Nerven waren wahrlich nicht mehr die Besten.

Es war Sharin, die mich etwas rüde anfasste und in die Mitte des Krals führte, wo sie mich mit einer Paste einrieb, die meine Haut unnatürlich grün erscheinen ließ. Frauen mit Stöcken schlugen mir auf den Hintern. Dann schob sie mir etwas in den Mund, dass ich lutschen sollte; was auch immer es war, es schmeckte gruselig, doch ganz allmählich bekam ich meine sieben Sinne wieder zusammen.

Danach traten zwei Frauen auf mich zu. Die Blicke böse und die Hände griffen rabiat nach mir. Ich wurde zu einem uralten Baum geführt, mit Lianen gefesselt, danach bediente sich jede Frau aus dem Kral an meinem Körper. Sie alle waren seit Wochen scharf auf mich, und so entlud sich alsbald ein

Orgasmus nach dem anderen über mir. Jemand biss mir in den Finger und ich schrie empört auf, doch die Frau saugte das Blut heraus und sagte: »Freunde.«

Zwar rührte es mich, doch ich hätte auch darauf verzichten können.

Gespannt beobachtete ich, wie sich die Schamanin in Trance versetzte und immer wieder meinen Namen rief. Die Frauen rasteten regelrecht raus. Rieben sich an meinem Körper, fuhren mit ihren Händen über meinen kahlrasierten Kopf; ihre Fingerspitzen waren scharf wie Messer, und mir tat es weh, und meine Hände überzogen sich mit einem Schweißfilm, als ich zu bluten begann. Es war nicht schön, als alle mit ihren spitzen Fingernägeln in mir herumbohrten. Es ging ja nicht darum, dass Blut floss, eher beunruhigte mich, dass die Schamanin nicht eingriff, denn sie beobachtete all das mit einem federbehafteten Stock, welchen sie mal rechts, mal links über ihre Schulter zog.

Sie banden mich los und Sharin kam zu mir, hockte sich im Schneidersitz vor mich und spreizte ohne Umschweife meine Schenkel. Ich starrte zu der Baumkrone empor, denn ich stand noch immer unter dem Baum. Ihre kühlen Finger begannen an meinen Venuslippen zu zupfen. Sie schien genau zu schauen, wie sie sich zusammenzogen, dann nahm sie sie in den Mund und saugte göttlich daran.

Ich stöhnte auf, und sie zog meine Schamlippen noch etwas weiter auseinander, die Klitoris lag entblößt vor ihr und selbst die Schamanin schaute sehr genau hin. Sharin verwöhnte mich göttlich, dass ich wieder und wieder kam und auch der restliche Stamm tat vieles dafür, dass ich mich völlig vergaß.

Als die Schamanin letztlich ein lautes »HEEIIIII« von sich gab, hielten alle still. Ich erschrak fürchterlich, doch Sharin walkte unbedarft meine Möse. Das tat sie sehr nachdrücklich, denn ein weiterer Orgasmus lag in der Luft. Wusste diese Frau eigentlich, was für zarte Finger sie hatte?

Sie spielte mit mir, als sei ich irgendein Instrument, welches sie liebevoll streichelte, damit es funktionierte. Sie hauchte mir zarte Küsse auf meine Scham, wälzte sich im Sand und die Schamanin begutachtete meine Klit, bis dass sie Sharin ein Zeichen gab, weiterzumachen.

Aber auch ich verwöhnte Sharin, und aus ihrem Inneren lösten sich die Spasmen, welche die Schamanin mit Worten untermauerte, die man kaum abdrucken kann. Mir jedenfalls wurde es sehr heiß und kalt zugleich.

Ich glühte wie ein Feuerball und als Sharin kam, war es mir, als würde ihre Lustbarkeit auch auf mich übertragen, denn ich war gnadenlos feucht.

Sharins Nässe wurde von den Frauen ausgesaugt, ich hatte sie zum Orgasmus gebracht, das war es, was zählte.

Doch ich wollte mehr. Sharin spreizte ihre Beine weit und riet mir, dasselbe zu tun. Mittlerweile war ich so frei und ich hockte im Sand des Krals, wir rutschten aufeinander zu, rieben unsere Geschlechter aneinander und Sharin warf ihren Kopf zurück, als sie voller Leidenschaft explodierte und mich mit sich riss.

Die Schamanin beobachtete uns genau, beobachtete unsere Spiele der Lust und wies die anderen Frauen an, es uns gleichzutun. Sie durften Sharins geschwollenen Klit berühren. Ich war für die Frauen unantastbar, weil ich offenbar Sharin gehörte. Sie rieb mein glühendes Geschlecht, meine Vagina pochte wie verrückt und gegen meinen Willen hob die Schamanin mein Becken an.

Sie verlangte von mir, dass ich es ihr entgegenreckte und meine Bauchmuskeln zuckten im Takt ihrer Finger, die sich an meiner Vagina gütlich taten. Welche Kraft diese Frau ausstrahlte, das war außergewöhnlich. Was war es, was sie so werden ließ? Half ihr die Heilkunde dabei? Der Sex war jedenfalls atemberaubend schön, und der Rausch der Sinne nahm und nahm kein Ende. Solcherart Spasmen hatte ich mein Lebtag noch nicht erlebt. Ich war so stolz darauf, so etwas überhaupt erleben zu dürfen, es erfüllte mich mit grenzenloser Freude, die Sexualität nahm einen völlig anderen Stellenwert ein und ich muss sagen, es hat mir nicht geschadet.

Die Frauen waren einfallsreich. Sie gaben mir Wein zu trinken, der sehr stark war. Ich spürte, wie die Feuer der Lust in mir kochten, die Feuer in meinem Magen sich ausbreiteten und Sharin wartete ab, bis ich bettelte, dass sie mich nahm.

Ich brannte! Es war so ein ausschweifender Sex, der hier praktiziert wurde, und Sharin war gut darin, mir diesen zu zeigen. Sie legte sich auf mich und ich atmete tief ein und aus. Sie roch nach frischem Grün, und ein Gemisch aus uralten Bäumen und einer Kraft, die ich nicht beschreiben kann, hatte sich in ihre Haut eingegraben.

Sie übte sanften Druck auf mich aus, öffnete ihre Lippen und flüsterte mir irgendetwas zu; denn die Schamanin reichte daraufhin einen Trunk herum, den der ganze Kral zu sich nehmen sollte. Mich eingeschlossen.

Danach öffnete ich Sharin, bewunderte diese eigenwillige Vagina. Niemals hätte ich mir träumen lassen, dass ein Naturvolk ein so ausgeprägtes Gefühl für sexuelle Handlungen entwickeln würde. Sharin und ich verstanden uns ohne Worte, und als ich sie öffnete und mit meinen Fingern in sie eindrang, spürte ich diese unnatürliche Wärme in mir. Sie spürte sie vermutlich auch, ließ sich jedoch nichts anmerken. Sicherlich war es der Trunk, den wir zu uns nehmen sollten. Doch die Geilheit wütete in uns, meine Fingernägel krallten sich in Sharins Hintern und es war offenbar das erste Mal, dass jemand sie dort berührte.

Als ich ihren Anus befingerte, wurden ihre Augen groß und sie schaute mich interessiert an. Sie wehrte sich nicht ab, fand es offenbar spannend, doch geheuer war ihr das Ganze nicht.

Ich werde dieses Fest der Sinne wohl nie vergessen. Vor Lust glühend, der Leidenschaft ergeben, stockte mir der Atem, als Sharin sich plötzlich aufrichtete.

Da sie unter mir lag, konnte ich ihre Vagina genau betrachten, sah das winzigkleine Löchlein, das mal irgendjemand gestochen haben musste, doch was mich total begeisterte, war ihre grenzenlose Feuchtigkeit, die mich maßlos erregte. Wir spielten wunderbare Spiele; kaum zu beschreiben, wie oft wir gekommen sind, und erst als uns die letzten Zuckungen überfielen und wir erschöpft in dem Sand lagen, hielten wir uns bei den Händen, rollten noch einmal herum und küssten uns zärtlich.

Wir brannten ein Feuerwerk der Lust ab, und die Frauen, die ebenfalls mitmachten, waren nicht so zimperlich wie wir beide. Da ging es etwas derber zu, doch immer noch unglaublich erregend. Ein letztes Mal führte ich einige Finger in Sharins Vagina ein, ließ sie ihre eigene Feuchtigkeit aufsaugen. Danach schlossen wir unsere Augen und hingen unseren Gedanken nach.

Es mussten die Kräuter der Schamanin gewesen sein, denn irgendwann ermattete jeder. Auch wenn er noch so potent daherkam. Und Sharin und ich hatten eine Ausdauer an den Tag gelegt, die ihresgleichen suchte. Nicht ein einziges Päuschen hatten wir uns gegönnt, die Spiele der Lust hatten uns durstig werden lassen, doch ich kochte das Wasser immer noch ab, nachdem ich vor Monaten einmal Montezumas Rache überdeutlich zu spüren bekommen hatte.

Sharins Augen leuchten. Sie hatte das bekommen, was sie sich gewünscht hatte; ich hatte sie glücklich gemacht und die Schamanin nickte anerkennend. Sie war eine stolze Frau, die ihren Kral im Griff hatte. Sie hatte die Statuen aufgestellt und solange sie hier regierte, stieß diese auch niemand um. Der Urwald war ihr Lebenselixier und ich sollte mich noch wundern, was ich von hier zu hören bekam.

***

Wenn ich heute an Sharin zurückdenke, an den gnadenlos geilen Sex, an ihr Stöhnen, an diese Gluthitze, die unsere Lust noch untermauerte; an ihren wunderschönen Körper, dann muss ich sagen, dass ich in dieser Zeit sehr sensibel geworden bin, grenzenlos dankbar, dass ich all das erleben, und mein Frausein in vollen Zügen ausleben durfte.

All das hat mir gezeigt, dass es mehr gibt auf der Erde als Reichtum und was nicht alles dazugehört. Mir hat diese Einfachheit imponiert. Die Frauen lebten wie ihre Vorfahren, diese sieben Jahre haben mich sozusagen erwachsen werden lassen, denn auch ich war gierig nach Geld und Ruhm. Heute strahle ich von innen heraus, suche nur noch Wärme und Geborgenheit, brauche nicht viel mehr als das, was ich auch im Urwald hatte, und pfeife auf all diesen Pomp, welchen ich früher zu schätzen wusste.

Ich war der Erde übergeben worden; so jedenfalls drückte es die Schamanin aus, und vielleicht hatte sie sogar recht damit. Ich weiß genau, dass dieser Stamm noch immer dort sein Zuhause hat, wo auch ich mein Zuhause gefunden hatte. Ich höre die Kinder kichern, höre, wie die Frauen lustvoll stöhnen, und Tränen strömen über mein Gesicht, wenn ich nur daran denke.

Ich selbst kann von mir behaupten, viel näher bei mir zu sein, ich spüre die Wärme und Geborgenheit in mir, obwohl ich mit Sharin still in einer Ecke sitze und wir uns einfach nur anstarren.

Ich mochte sie, keine Frage. Wir tranken schweren Beerenwein, den eine andere Frau gerade angesetzt hatte, der aber bereits vorzüglich schmeckte. Wir lachten viel, waren vielleicht sogar etwas betrunken. Die Erde gehörte uns allein. Dieser Stamm, in welchem ich leben durfte, hatte etwas mit mir gemacht, was ich im Laufe der Jahre erst so recht begriff. Ich lebte ebenfalls nach den alten Riten und befand es sogar als richtig und wichtig sich nicht vor den Karren der großen Bosse der Neuzeit spannen zu lassen. Das Naturvolk war mir tausendmal lieber als das, was ich in Buenos Aires vorfinden sollte.

Es war wieder Vollmond, und Sharin bot mir das Getränk an, dass ich mittlerweile kannte, führte es an meine Lippen und ich nahm einen großen Schluck davon, der meinen Körper wärmte, meine Vagina anregte und mich so anmachte, dass ich mit jeder Frau aus diesem Kral schlafen wollte.

Zuversicht, Vertrauen und dieses unbändige Glühen in mir, das war es, was mich zu der werden ließ, die ich heute noch bin. Mir wurde leicht schwummerig von dem Getränk, und ich legte mehrfach eine Pause ein. Doch ich war nicht neidisch auf die Frauen, die mehr Leistung zeigten, als ich an diesem Abend. Ich hörte die Kinder drinnen kichern, die eigentlich schlafen sollten. Sie lebten nach ihren eigenen Regeln, bekamen Unterricht von der Schamanin. Alles, was sie brauchten, läge in ihnen, hat sie mir einmal erzählt und ich glaubte ihr aufs Wort.

Sie alle waren frei. Sie alle waren glücklich, liebten die Einfachheit und den Geruch des Waldes, waren froh, mit niemandem etwas zu tun zu haben. Weder Neid, noch Hass kam auf, es herrschte Frieden und der übertrug sich auch auf mich.

***

Ganz sicher würde dieses Volk immer so leben; man könnte noch so viele Bücher über die Naturvölker schreiben. Das wirkliche Leben konnte nur jemand beschreiben, der bei ihnen gelebt hatte. Ich kann nur sagen, dass mich diese Zeit unglaublich beeindruckt hat, und dass da offensichtlich jemand an den Strippen meines Lebens gezogen hat, und mir den rechten Weg gewiesen hat.

Wie anders war es möglich, dass ich mich verlaufen habe, dass ich Sharin fand und die Schamanin, die mit einem großen Herzen die Geschicke des Stammes lenkte?

Die profanen Orgasmen, die ich genießen durfte, gingen tief. Viel tiefer, als ich je erwartet hatte. Die Erregung in mir war heiß, innig und schnürte mir den Hals zu, als Sharin zu mir kam, und sich selbst befriedigte. Ich griff nicht ein, war nicht beleidigt oder sonst irgendetwas. Es gab Momente, da brauchte man diese Selbststimulation, auch ich brauchte hin und wieder diesen Kick.

Sharins Geschlecht war wundervoll. Als ich erfuhr, wie alt sie wirklich war, war ich doch einigermaßen baff, denn ich hatte sie wesentlich älter geschätzt. Doch vielleicht war das der Preis, den man zahlte, wenn man in dieser Harmonie leben konnte.

Sie rieb sich vor meinen Augen mit einem Finger so intensiv ihr Geschlecht, dass meine Lust beinahe überkochte, doch ich griff nicht ein. Wer war ich, ihre Sitten und Gebräuche infrage zu stellen, und nebenbei gesagt, war auch ich eine Freundin von Selbstbefriedigung. Hin und wieder gab auch ich mich dieser Variante des Liebesspiels hin. Die doch eher heidnisch bezogenen Brauchtümer der Naturvölker sind ebenso relevant wie unser Christentum. Und ich mag nicht daran denken, was wäre, wenn es keine Schamanin mehr geben würde. Sie hat mein Blut zum Kochen gebracht, hat mir gezeigt wie und wohin meine Reise gehen würde. Hat den Bann gebrochen, der mich immer aufgehalten hat, hat mir gezeigt, wie viele Altlasten ich mit mir herumtrug und mich von ihnen befreit. Ich fühlte mich zumindest energiegeladener und sehr viel freudvoller. Irgendwie war es mir, als hätte ich das Glück gepachtet. Doch irgendwann wurde ich unruhig.

Ich erzählte der Schamanin, dass ich damit liebäugelte, den Stamm zu verlassen.

Für die Schamanin war es keine Überraschung. Sie habe meine Unruhe bereits bemerkt und sei sich ganz sicher, dass ich wiederkommen würde. Ich sollte ausprobieren, was ich noch mit der Welt da draußen anfangen könne, vielleicht wäre es nur eine Stippvisite, denn wer einmal hier gelebt hätte, der würde immer wiederkommen. Natürlich, sie mochte die Menschen nicht, hatte schlechte Erfahrungen gemacht; sie selbst strahlte Herzlichkeit aus und regte sich darüber auf, dass viele Menschen nur noch auf Profit aus waren.

Ich hätte es ihr nicht zugetraut, dass sie so offen mit mir sprach.

Sie nahm ihre Krone ab, und darunter entlud sich ein Schwall feuerroten Haares und ich bekam den Mund nicht mehr zu.

»Ich bin die Einzige, die sich dagegen gewehrt hat, die Haare abschneiden zu lassen«, meinte sie und kicherte, »deshalb auch die Krone, die mir überhaupt nichts bedeutet. Ich habe mir die Kräuterkunde angeeignet und gelte seitdem als Heilerin. Ich lasse meinen Stamm in dem Glauben, bis jetzt konnte ich noch jede Frau gesund machen.«

Noch immer unter Schock stehend, fragte ich: »Vermisst ihr nicht manchmal die Männer?«

»Nein!«

Dieses Nein kam harsch und voller Wut aus ihr heraus. Es war wie ein Funkensprung, als sie sagte: »Wenn du wüsstest, was sie alles mit uns angestellt haben, würdest du das nicht fragen. Es war die Hölle. Hier ist es friedlich, man hört auf mich; ich gebe den Frauen ein neues Lebensgefühl und der

Urwald schützt uns. Wir sind eines der letzten Naturvölker und wenn unsere Mädels groß sind, werden sie vielleicht gehen. Das liegt nicht mehr in meiner Macht, dann habe ich längst das Zepter weitergereicht und ich glaube, du weißt auch an wen?«

»Sharin!«, resümierte ich und die Priesterin nickte.

»Sie ist meine Tochter, doch sie weiß es noch nicht mal. Sie ist hier geboren und ich habe mich nicht als ihre Mutter zu erkennen gegeben. Ich hätte sie nicht zu dem machen können, was sie heute ist.«

Ich schluckte. Sharin war die Tochter von … Mein Gott, und sie wusste es noch nicht einmal.

»Das mag jetzt alles etwas viel für dich sein«, resümierte die Schamanin. »Doch unsere Frucht ist stark. Wir gebären starke Kinder, die sich behaupten müssen. Ob sie eine Mutter haben oder nicht, ist davon völlig unabhängig.«

Ich nickte und war doch schockiert.

***

Zu feige, mich persönlich von Sharin zu verabschieden, hinterließ ich nur einen Brief, in dem ich in Kinderschrift schrieb, dass ich gehen musste. Ein Versuch der Erklärung, doch der war gar nicht nötig.

Neun Monate später war ich wieder da.

Es war genau das eingetreten, was mir die Schamanin sagen wollte: Ich brauchte all diese Menschen nicht mehr. Sie waren mir fremd geworden. Ich mochte Gast in Talkshows gewesen sein, hatte auch ein Buch veröffentlicht, doch all das bedeutete mir nichts mehr.

Ich wollte wieder zurück in den Urwald, zu dem Naturvolk, das mir eine Heimat gegeben hatte. Ich konnte mit dieser meiner alten Welt absolut nichts mehr anfangen.

Als ich auf Sharin traf, sagte diese nur: »Ich wusste, dass du auf dem Weg bist …«

Die lesbischen Hexen

Beschäftigt man sich mit dem Mittelalter, dann erinnert man sich unweigerlich an die Hexenverbrennungen. Allerorten führte dies zu wahren Volksaufläufen und selbst Kinderaugen sahen zu, wenn wieder eine dieser Rothaarigen dem Scheiterhaufen hingegeben wurde.

Hexen hatten rotes Haar, sie hatten den bösen Blick und nichts für die Kirchenoberen übrig, die sie quälten, die sich an ihre Quacksalber hielten, währenddessen die Hexen Kräuter sammelten und die Menschen gesund machen konnten. Doch niemand wollte ihre Kräuter, ihre Zeit war noch nicht gekommen.

Wenn eine Hexe eingefangen wurde, brachte man sie in ein Kloster, um sie dort dem Glauben zuzuführen.

Doch die Hexen wussten sich zu verstecken; unheimlich war es, wenn sie tief im Wald ihr Unwesen trieben, und die Dorfbewohner mieden diese Stätten, ebenso wie die Geistlichen, denn man sagte den Hexen das dritte Gesicht nach. Offenbar konnten sie in einen Menschen hineinsehen und das wäre für manch einen Priester sehr unangenehm geworden.

Trotzdem sandten die Kirchenfürsten ihre Häscher aus, um Hexen einzufangen. Es gab Prämien dafür, was allein schon widerwärtiger Natur war, und für Priester sowieso. Manch einer wusste, wo sich die Hexen aufhielten, doch kamen die Häscher an so einem Platz an, waren die Frauen schon fort. Man hatte einen Tipp bekommen, nicht alle Dorfbewohner wollten die Hexen brennen sehen.

Die Kirchenfürsten gingen mit unglaublicher Brutalität gegen die Frauen vor. Sie stellten sie an den Pranger, ließen sie von den Dorfbewohnern mit Dreck, überreifen Tomaten und fauligem Obst bewerfen, während sie selbst die Leute dazu aufriefen, Jagd auf Hexen zu machen, sie täten der Gesellschaft nicht gut.

***

In diesem Zeitalter lebten auch die drei Frauen, von denen diese Geschichte handelt: Ruth, Caro und Mimi waren solcherart Hexen, die sich beim Klerus unbeliebt machten, indem sie sich von der Kirche losgesagt hatten und sich lieber demütigen und beschimpfen ließen.

Sie lebten im tiefsten Wald mit ihren Mitschwestern; Männer waren für sie passé, sie hatten alle ihre Erfahrungen gemacht und waren nun ihrem eigenen Geschlecht zugetan. Sie sammelten im Wald Beeren, zupften Gras, welches sie trockneten und mit Essenzen versahen, die nur sie kannten und oftmals schüttelten sie den Kopf, wenn sie hörten, dass Kinder am Kindsfieber starben; sie hatten die Mittel dafür, doch niemand traute sich zu ihnen.

Die Hexen waren Klerusmitgliedern verhasst, sie bauten Kerker und wenn sie wieder mal eine erwischten, warfen sie sie dort hinein, wo sie qualvoll verendete. Auch gab es in dieser frühen Zeit schon Gerätschaften, wie beispielsweise die »eiserne Jungfrau« in welche man eingeschlossen wurde, um entweder zu sterben oder sich zu besinnen und der Kirche beizutreten.

Die Oberen wussten schon, mit welchen Mitteln die Frauen umzukehren waren, doch ebenso wussten die Hexen, wie sie den Kirchenfürsten immer wieder davonlaufen konnten. Diejenigen, die die Häscher bekamen, hatten kein leichtes Spiel, doch dank der Tränke, welche sie stets bei sich hatten, war das Sterben erträglicher, denn wenn man einmal am Pranger stand, wurde das Schwert über dem Haupt der Hexe gebrochen und sie musste sich mit dem Tod anfreunden.

***

Ruth, Caro und Mimi lebten in einer Hütte im tiefsten Wald. Hier waren sie relativ sicher, hatten sich eine Hütte mit einer Feuerstelle gebaut, sammelten Kräuter, trockneten sie und hingen sie an einer Leine auf, die sie aus Hanf selbst gedreht hatten. Auch rührten sie Salben an und sie entgingen lange den Häschern der Kirche. Und ganz allmählich kamen auch die Frauen zu ihnen, erbaten Fiebermittel für ihre Kinder oder sich selbst und man tauschte Lebensmittel gegen Arznei. Wer einmal bei den Hexen gewesen war, der kam immer wieder.

Die Männer verschlossen die Augen vor dem, was ihre Frauen taten, Hauptsache die Kinder wurden wieder gesund, was in den allermeisten Fällen gelang.

So war man allmählich recht zwiegespalten gegenüber dem Hexenkult, der heute noch durch die Walpurgisnacht und die Sommersonnenwende in Stonehenge in aller Munde ist.

Ruth, Caro und Mimi kannten sich seit der Kinderzeit. Sie hatten schon immer einen Hang zu Heilkräutern, begonnen hatten sie mit Kamille, die bereits ihre Großmütter sammelten, und diese waren der Ansicht, dass diese Heilpflanze gegen alles half. Als Tee getrunken löste es den Husten, als Paste aufgetragen wirkte die Kamille entzündungshemmend und so gab es vielfältige, bekannte Pflanzen, die die drei Hexen einsetzten.

Es war also keine Zauberei dabei, sondern weitergegebenes Wissen von den Altvorderen, die ebenfalls schon Hexen waren und sich mit Kräuterkunde auseinandergesetzt hatten.

Doch die Kirchenfürsten kannten kein Erbarmen mit den Frauen. Ihrer Meinung nach wiegelten sie die Dörfler gegen die Kirche auf, was nicht der Fall war, und so mussten die Frauen immer auf der Hut sein, dass keine Häscher sie fassten und an den Pranger führten. Ruth, Caro und Mimi hatten einmal so eine Zeremonie miterlebt, eine Mitschwester war davon betroffen und als dieses bestialische Werk beendet war, hatten sie nur noch Mitleid mit der armen Frau und steckten ihr ein Döschen zu, welches eine Tablette enthielt, die sie schlucken sollte.

Danach dauerte es nicht mehr lange, Schaum trat vor ihren Mund, die Menschen wichen entsetzt von ihr, und sie konnte zumindest in Ruhe hinübergehen, in eine bessere Welt. Kam später der Kerker ins Spiel, waren die Hexen verloren, denn danach kam das Schafott, welches bei den Zuschauern sehr beliebt war, denn es war gruselig, all das mit anzusehen. Doch auch den Kirchenfürsten konnten die Zeremonien nicht brutal genug sein, waren sie doch abschreckend, und so sollte es sein.

***

Und doch, und doch!

Irgendwann kamen die drei Frauen doch mit den Häschern der Kirche in Konflikt. Irgendjemand hatte den Mund nicht halten können und sie verpfiffen und es war keine Zeit mehr, zu fliehen.

So wurden sie in ein dunkles Loch gestoßen, das ihren Lungen sicherlich nicht guttun würde, und ein Wächter sollte auf sie aufpassen. Tag und Nacht.

Ihnen wurden die Kleider ausgezogen, nackt saßen sie in dem feuchten Keller auf einem Boden, der schon bessere Tage erlebt hatte, schliefen auf Sisalmatten, die ebenfalls aussahen, als wären sie schon einige Jahre alt. Und Caro und Mimi zitterten, wollten sich schon zur Kirche bekennen, doch Ruth wusste es besser.

»Seid ihr denn verrückt geworden?! Wofür kämpfen wir hier eigentlich?! Wozu lassen wir uns in dieses Loch einsperren? Ziegen, Schafe und anderes Getier lagern besser als wir. Und ihr wollt klein beigeben? Das hätte ich nicht von euch gedacht.«

Sie verteilte Hexenkraut, ein Kraut welches allgemeine Schmerzen nahm und Ruth bläute den beiden ein, niemals in die Kirche einzutreten. Es war etwas grundsätzlich Böses, das die Kirchenvorderen dort veranstalteten, ansonsten hätten sie ihnen wenigstens zugehört. Sie selbst hatten doch auch Kräutergärten …

Deshalb bezeichnete Ruth auch all das als Schwachsinn, ließ sich lieber brüskieren und ausschimpfen. Wieder und wieder sollte sie sich zur Kirche bekennen, immer wieder lehnte sie, ebenso wie Caro und Mimi, ab.

Der Wächter bekam schon kalte Füße, gar nicht auszudenken, was die Frauen erdulden mussten, dachte er bei sich, doch wer war er, dass er hier etwas ausrichten konnte?

Zu essen gab es altes Brot, Wasser und vielleicht mal einen alten Apfel, der übrig war. Ansonsten nichts. Da der Wachmann ein etwas dicklicher Mann war, dessen Glupschaugen sich nicht von den entblößten Frauen trennen mochten, hatten die Frauen eine Idee: Wenn sie ihm etwas bieten würden, was er so noch nicht gesehen hätte, würde er sie dann vielleicht aus dem Kerker entlassen? Caro wusste genau, dass es hier Geheimgänge gab, über die man ins Freie gelangte, und kein Kloster konnte die drei Frauen umdrehen.

Der Wächter wusste nicht recht, was die Frauen meinten und sie fassten sich an ihr Geschlecht und grinsten dabei. »Wir zeigen dir, wie Frauen es tun, wenn sie sich lieben. Wir brauchen euch nämlich nicht dazu. Es ist auch so wunderschön.«

Tja, das hätte der Wärter schon gern gesehen und er geriet in die Bredouille, doch letztlich siegte die Gier, die Frauen beim Sex zu beobachten.

Nachdem Ruth Caro sanft über die Brust strich und dabei lasziv die Lippen befeuchtete, stimmte der Wächter zu.

»Dann lasst uns die Spiele beginnen«, meinte Ruth, welche die Älteste der Frauen war, »fünf Tage, dann sind wir hier draußen, soweit richtig?«

Der Wächter nickte, wusste noch nicht so recht, wie er es anstellen sollte, doch sehen wollte er schon etwas, denn die Frauen waren alle gut gebaut und er fasste sich bereits an sein Glied, noch bevor die Frauen überhaupt mit ihrem Spiel begonnen hatten. Den Mantel, den er gegen die Kälte trug, hatte er geöffnet, er schloss ihn auch die Tage kaum, denn es war sehr anregend, bei den Spielen zuzusehen.

»Eines muss allerdings auch dir klar sein«, meinte Ruth, »wir sind alle Schwestern im Geiste und dem eigenen Geschlecht zugetan. Du wirst also auf deinem Stuhl dort sitzen bleiben, wenn wir es tun. Ich hoffe, es ist angekommen bei dir? Wir helfen uns selbst und nicht dir.«

Der Wächter, nicht der Hellste seiner Art, befingerte sein Glied, spielte damit herum, bis sein Sperma auf den Boden tropfte und er ein irres Grinsen folgen ließ. Die Frauen schauten sich an und Caro meinte: »Na, der ist ja mal von der schnellen Sorte. Meine Güte, ich konnte noch nicht mal richtig Luft holen.«

Ruth und Mimi grinsten ebenfalls, dann umschlangen ihre Beine ihre Körper, sie küssten sich, sie sahen sich in die Augen, wussten genau, was sie tun mussten, um den Alten scharfzumachen, und auch sie selbst hatten wider Erwarten Gefühle, die sie trotz der widrigen Umstände nicht unterdrücken wollten und konnten.

Der Wächter rieb währenddessen wie ein Berserker sein Geschlecht, den Frauen sollte es egal sein, ihm lief Sabber aus dem Mund, noch nie hatte er Frauen bei der Liebe beobachtet. Sein Blick löste sich kaum von den drei Hexen.

Ruth und Caro öffneten Mimis Beine, weiteten ihre Ritze und betrachteten die wundervoll enge Spalte, welche die beiden Frauen zu lecken begannen. Sie küssten sie und saugten an ihren Labien. Ruth nahm ihren Mittelfinger zu Hilfe und führte Mimi achtsam zu einem fulminanten Höhepunkt, welcher sich ganz langsam aus ihrem tiefsten Inneren löste. Letztlich rollte sie sich auf dem dreckigen Boden hin und her, anders bekam sie ihre Gefühle nicht in den Griff.

Der Lust Herr zu werden, war in diesem Augenblick nicht so einfach. Ruth zog derweil ihre Brüste ziemlich lang, Caro hatte wundervolle spitze Brüste, prädestiniert dafür, sie in den Mund zu nehmen und etwas daran zu ziehen. Sie biss auch in ihre Nippel hinein, sodass Caro flüsterte: »Hör bitte auf, ich halte das nicht mehr aus.«

Ruth lachte und Caro schrie auf, sodass Mimi Caro beitrat und sie sanft streichelte, während Ruth weitermachte, ein heißes Spiel pulsierender Gefühle. Mimis Blick verklärte sich, sie war diejenige, die sich etwas zurückhielt. Doch wenn ihr Herz raste, ihr Puls wie verrückt hämmerte, dann war sie die Letzte, die nicht mitspielen mochte.

Mimis Perle der Lust übte einen starken Sog auf Caro aus, die sich aus Ruths Griff befreite und zu Mimi hinüberwechselte. Mit schwindelerregender Schnelligkeit wurde es Mimi so heiß, dass sie mit Überschallgeschwindigkeit auf ihren Höhepunkt zuraste. In ihr brach eine Urgewalt aus; Caro hatte ganze Arbeit geleistet und ein unschönes Klingeln im Ohr verriet ihr, dass ihr Blutdruck ziemlich hoch war. Kein Wunder, bei der Schnelligkeit, in der sie einmal durch das Universum flog.

Sanft berührte Mimi Caros Geschlecht, tastete sich zu ihrer Klitoris vor, fand sie und streichelte diese sanft. Innerlich zuckte sie zusammen, so sehr wurde sie von ihren eigenen Gefühlen überwältigt. Mimi spürte mehr.

Sie war hochsensibel und brachte es fertig, Frauen trotz Langsamkeit so sehr zu verwöhnen, dass es eine Lust war, diese Frau bei ihrem Tun zu beobachten. Sie brachte es fertig, mit sanften Bewegungen die Frauen der Erlösung näherzubringen. Dabei schloss sie zumeist die Augen und konzentrierte sich nur auf das Sein, den Hexenschwestern Lustgefühle zu verleihen. So war es auch heute.

All dies wurde von dem Wächter mit gierigen Augen beobachtet.

So viel Nacktheit, das machte ihn an. So etwas hatte er noch nie gesehen. Man hatte den Frauen zwar die Kleider abgenommen, er indes saß in einem dicken Mantel vor ihnen, den er nur allzu oft lüftete.

Caro liebte es, mit den Füßen stimuliert zu werden. Darin war Ruth eine wahre Meisterin und ganz sicher nicht die Einzige, die darum gebeten wurde, dieses Stimulans einzusetzen. Caro zog ihre Beine an, spreizte sie ein wenig auf, sodass Ruth an die empfindlichen Stellen herankam. Sie spürte, wie sich deren Fußspitzen tiefer in ihr Geschlecht hineingruben, und Caro begann, leise zu wimmern. Es war für die Frau ein aufregendes Spiel der Liebe; oftmals fiel es gerade ihr schwer, Erfüllung zu finden, doch Ruth wusste genau, wie sie es anzustellen hatte. Caro fühlte, wie sich Ruths Füße immer tiefer in ihr Geschlecht hineingruben, wie Ruth sie mit den Zehenspitzen reizte und letztlich zu einem Höhepunkt führte.

Ruth hatte etwas Magisches an sich. Würde der Hexenkult leben, so wäre Ruth prädestiniert dafür, ihn zu zelebrieren.

Caros Augen wurden riesengroß, als Ruth sich auf ihren Körper legte, ihn massierte, küsste und ihre Brüste streichelte. Caro hatte noch mit den Nachwehen ihres Höhepunktes zu kämpfen, doch Ruth nahm sie in den Arm, wiegte sie wie ein kleines Kind und her und wisperte: »Sag mal, hattest du schon immer so lange Beine? Ich hatte sie anders in Erinnerung und etwas zugelegt hast du auch, nicht wahr?«

Caro nickte.

»Ja stimmt, doch es macht mir nichts aus. Ich muss halt ein wenig aufpassen, außerdem bin ich froh, dass ich in dieser

Situation hier etwas mehr Speck auf den Rippen habe als du. Ich frier nämlich nicht so gern.«

Ruth lachte. Wo sie recht hatte, hatte sie recht. Bei ihr machte sich tatsächlich allmählich das karge Essen bemerkbar. Caro hingegen sah all das noch ziemlich gelassen.

So wälzten sie sich noch einige Minuten umher, bis Mimi dazukam und argwöhnte: »Sagt mal, habt ihr eigentlich schon mit dem Wächter gesprochen, ob der uns wirklich freilässt. Ich weiß nicht. Nicht, dass er uns hier hängen lässt.«

Ruth und Caro nickten.

Mimi hatte recht. Der Wächter schien sich an dem Schauspiel zu erfreuen, kein Wort mehr von einem Geheimgang, und die Hexen schauten in auffordernd an, und als er wegschaute, nahm Ruth sich vor, ihn auf den Geheimgang anzusprechen.

Später am Tag sollte Mimi eine Feder finden, die höchstwahrscheinlich von einer Taube stammte, die ebenfalls hier Quartier bezogen hatte. Sie berührte sie und fand es durchaus erregend, mit dieser Feder über ihre Arme zu streichen.

Da Ruth und Caro so etwas noch nie erlebt hatten, war Mimi der Mittelpunkt des Nachmittags. Sie beiden Frauen keuchten, als Mimi sie mit der Feder verwöhnte und diese vorsichtig um die Geschlechter der beiden wandern ließ. Durchaus erregend, und Ruth keuchte leise auf, als Mimi sie zu streicheln begann, ein unglaublicher Genuss, so vorgeheizt, und danach noch zu einem Höhepunkt geführt zu werden. Ruth, die normalerweise tonangebend war, genoss dieses Spiel mit der Feder und nahm sich vor, dieses Teil auf jeden Fall weiter im Auge zu behalten. Wozu eine Feder doch alles gut war.

Ruths Finger schlossen sich wenig später enger um Mimis Vagina, mit der Feder reizte sie ihre Brüste und Caro stimulierte sanft Mimis Nippel. Ein Lustschrei entrang sich Ruth, die das Liebesspiel beendete. Mimi hatte Schnappatmung und meinte, es wäre wohl die entzückendste Variante, die sich ihnen jemals aufgetan hatte.

Sie liebte dieses Spiel, und es bildeten sich regelrechte Feuchtoasen, die Gefühle der Frauen waren auf dem Siedepunkt, es war wunderschön, doch ganz allmählich brauchten sie etwas Abstand von den sinnlichen Spielen der Lust.

Sie waren müde geworden, es fehlte ihnen etwas zu trinken; das gab es erst heute Abend wieder, zusammen mit diesem unsäglichen Stück Brot, das niemand mehr sehen konnte, das die Frauen jedoch aßen, um bei Kräften zu bleiben.

Es war ein Graus, wie sie dort hockten, ihre weiche, warme Haut auf dem kalten Boden. Nackt, ungeschützt vor den Blicken des Wächters. Vor allem Mimi fühlte sich so gedemütigt, dass sie sich, wäre sie allein, vermutlich überlegen würde, zur Kirche überzuwechseln. Doch mit Ruth und Caro an ihrer Seite fühlte sie zumindest noch etwas. Aber allmählich sackte sie in sich zusammen. Die drei Frauen kannten sich seit ihrer Kinderzeit.

Auch dort waren schon die ersten Ansätze gegenseitigen Interesses vorhanden: Man kniff sich gern in die Brüste, untersuchte, was sich da unten alles noch so befand, und Caro war die Erste, die ihre Periode bekommen sollte, und Ruth und Mimi waren völlig fasziniert davon, dass sie blutete. Die Mütter von den dreien waren ebenfalls Heilkundige und die Großmütter auch. Von daher war es fast selbstverständlich, dass die Kinder ebenfalls in ihre Fußstapfen traten, nur dass genau zu diesem Zeitpunkt der Hexenkult aufkam und die Kräuterfrauen als Hexen beschimpft und gejagt wurden.

Heilkundige wurden vor dieser Zeit verehrt, doch dann kam die Kirche mit ihrem Hass auf die Frauen, die Kräuter anboten, Wunden heilten, was Quacksalbern vorbehalten war, die auf Jahrmärkten ihre Salben anboten, die nicht halfen und nichts weiter als Geld in die Taschen der Wunderheiler spülten.

Das war natürlich nicht das gewesen, was die Mütter für die Kinder gewollt hatten, doch da war es schon zu spät. Die Kinder waren ebensolche Kräuterfrauen wie sie selbst. Sie kannten auch nicht anderes. Sie begannen mit Petersilie, dann kam Kamille dazu, die laut der Großmütter für alles Mögliche verwendet werden konnte. Als Tee, als Paste und so weiter. Es war ein Segen für die drei Freundinnen, dass sie nicht mehr mitbekommen sollten, wie Häscher die Großmütter holten und sie in ein Loch sperrten, wo sie wenige Tage später starben. Sie hatten sich einen Trunk zurechtgemixt, für alle Fälle, und da war der Tod gnädig gewesen.

Caro beispielsweise hatte die Gabe, sich sehr gut in andere Menschen hineinversetzen zu können. Heutzutage wäre sie vermutlich eine ausgezeichnete Psychologin geworden, im Mittelalter gab es dafür noch keinen Namen. Sie unterhielt sich mit den Leuten, gab ihnen Pülverchen, und oftmals halfen diese sehr gut.

Ruth verstand sich auf das Verbinden von Wunden und Mimi konnte gut mit Nadel und Faden umgehen, das hatte sie von ihrem Vater geerbt, den sie kennengelernt hatte. Nun sollte man meinen, dass all dies ein Gottesgeschenk war, doch das Gegenteil war der Fall. Bürgerinnen schlichen sich in den tiefen Wald hinein und erbaten Fiebermittel für die Kinder und Salben für die Männer, denen es unten juckte und die sich kaum mehr einkriegten.

Für alles gab es irgendein Mittel und nicht selten heilten die Hexen die Krankheiten; manches konnten sie einfach nicht mehr heilen, weil das Volk zu spät zu ihnen gekommen war, doch den Tod, den konnten sie erleichtern.

***

Der Wächter, welcher auf die Frauen aufpasste, hatte sich mittlerweile selbst ein Urteil über die sogenannten Hexen gebildet. Sie waren von scharfem Kaliber, er hatte noch nie gesehen, wie Frauen es miteinander trieben, aber dass sie deswegen Hexen waren und sich der Heilkunde verschrieben hatten; das passte für den Wächter nicht zusammen. Er haderte sowieso schon mit der Kirche und wenn er die Frauen ansah, und den länglichen Schnitt an Ruths rechtem Oberschenkel begutachtete, der fein säuberlich genäht wurde, so zeugte es doch davon, dass Mimi ihr Handwerk verstand, und er haderte mehr und mehr mit sich, wann er die Frauen wieder freilassen sollte.

Als die Frauen anfingen zu stampfen, und sich in eine Art Trancezustand versetzten, kam der Wächter zu ihnen und sagte, dass er sie in zwei Tagen fortführen würde. Ruth lachte und meinte, dass der Tanz der Gerechten denn doch gewirkt habe, denn sie hätten sein Herz getroffen und das wäre doch wunderbar.

»Hexenkram ist das!«, meinte der Wärter, doch er lachte, weil er es selbst nicht mehr glauben konnte. Diese Frauen waren Heilkundige und damit basta.

Sie erzählten sich danach noch eine ganze Weile, wo er sie hinauslassen würde und welchen Weg sie dann einschlagen müssten, damit sie nicht wieder vor dem Dom stehen würden. Der Wächter erklärte ihnen ganz genau, dass sie auf die andere Straßenseite wechseln sollten, um unerkannt zu bleiben, er würde versuchen, ihnen etwas zum Anziehen zu organisieren, mehr als alte Säcke wären wohl nicht drin.

Mimi wog den Kopf hin und her.

»Das ist doch völlig egal. Hauptsache wir kommen hier raus.« Und die beiden anderen pflichteten ihr bei.

Mimi fragte den Wärter, ob er schon von einer Krankheit namens »Pest« gehört habe, und er schüttelte den Kopf. Mimi erklärte ihm, dass diese Krankheit auf dem Vormarsch sei und dass ihre Hexenschwestern daran arbeiteten, den Menschen etwas Leid zu nehmen. Heilen konnte man die Krankheit wohl nicht, und es würde viele Tote geben.

Der Wächter lachte und meinte, das wäre wieder so ein Tüddelkram, was sie ihm da unterjubeln wollten, doch das war es leider nicht. Wenige Wochen später brach die Pest mit voller Wucht aus, doch da waren die Hexen schon wieder in ihrem Waldstück und kämpften um ein Mittel, welches diese Krankheit zumindest in Schach halten konnte.

Da dachten sie an den Wächter, der darüber gelacht hatte, sie ausgelacht hatte, als sie sagten, sie wären nun mal Heilkundige, da ginge kein Weg dran vorbei. Der Hexenkult war erst sehr viel später als Folge der Kirchenoberen entstanden.

»Heilkundige!« Er hatte ein ordinäres Lachen und meinte: »Ja, ich weiß, ihr habt es ja nun oft genug erwähnt, dass da etwas Böses auf uns zukommen wird. Doch bis jetzt hat Gott immer geholfen. Auch diese neue Krankheit, die da Pest heißt, wird er uns vom Leibe halten.« Doch Gott war wohl anderweitig beschäftigt, denn Hunderttausende Menschen starben, viele elendig, auch der leicht debile Wächter sollte betroffen sein, und als es mit ihm zu Ende ging, dachte er noch oft an die Worte der Hexen, die ihn immer wieder ermahnt hatten, Vitamine zu sich zu nehmen, damit er Abwehrkräfte aufbauen konnte.

Er hatte sie immer ausgelacht, nun lag er auf dem Sterbebett und war froh, als er die Augen für immer schließen konnte. Doch so weit war es noch nicht.

***

Zuallererst ließ er die Frauen frei, und der Geheimgang, dem sie folgen mussten, war tatsächlich einer, den niemand gern gehen würde. Dunkle Schluchten, Treppen, die so steil waren, dass man aufpassen musste, dass man nicht fiel, und dann die Geräusche – überall Ratten, Fledermäuse. Fette Spinnen waren hier zu Hause, ebenso wie Asseln und anderes Getier und die Frauen grausten sich. So einen Geheimgang hatten sie niemals vorher gesehen und der Wächter grinste, als er sagte: »Was denkt ihr denn, wieso ich diesen gewählt habe? Es gibt noch mehr davon, aber dieser ist am schäbigsten.«

Gut, man schloss teilweise die Augen, wenn die Ratten zu dicht an einen herankamen und als das erste matte Licht erkennbar wurde, atmeten die Frauen erleichtert aus und umarmten den Wächter.

»Du hast Wort gehalten! Nimm unseren Dank entgegen«, meinte Ruth, und obwohl sie sich überwinden musste, küsste sie den Mann auf die Wange, und dieser spürte noch nach Tagen nach, wie ihn dieser Kuss berührt hatte.

Es war der letzte Gruß der Hexen, denn sie würden den Wächter nicht mehr wiedersehen. Sie selbst hatten sich schnell im Wald eine neue Hütte gebaut, arbeiteten Tag und Nacht, denn was sie verkündet hatten, war ja eingetreten. Die Pest raffte so viele Menschen dahin, dass die wenigen Hexen, die es überall gab, wenig ausrichten konnten.

Hatten sie einen Menschen geheilt, starb ein anderer und die Kirche wurde mächtiger und mächtiger. Päpste nannten sich nun die Oberhirten und waren die wahren Oberhäupter der Kirche. Im Mittelalter bezog man Position, es gab Glaubenskriege, weil es auch Protestanten gab, die die Kirche möglichst ausschalten wollte.

Oftmals fand man Menschen, die sich in den Wald geflüchtet hatten, doch danach einfach zu erschöpft waren, um weiterzugehen. Die Hexen begruben sie unter der Erde des Waldes, der für jeden Platz bot und viel, viel später wurde daraus der Platz, wo die Walpurgisnacht gefeiert werden sollte.

Dennoch, trotz der Zeit, die alles andere als ruhig war, hielten die Frauen zusammen. Mittlerweile waren sie um die dreißig Jahre alt, was im Mittelalter schon ziemlich alt war, doch noch immer sprachen sie dem Sex zu, liebten sich, hatten keine Angst vor den vielen Krankheiten, die neu entdeckt wurden, sie wussten, welches Kraut dagegen verwendet werden konnte. Manchmal zogen sie sich aus, tanzten nackt durch den Wald, reinigten ihren Körper mit Brennnesselbüschen, das zwar etwas schmerzhaft war, aber das Blut reinigte. Sie liebten sich in dem schwarzen Walde, wo sie eine Heimstatt gefunden hatten. Der Hexenkult war hier noch nicht so verbreitet, und wenn bei Vollmond die Hexen den Mond anbeteten und sich zu rituellen Tänzen im Wald trafen, grinsten die Einwohner, denn sie wussten, all das war Brauch und Ritus und hatte nicht im Geringsten mit Hexen zu tun.

Manchmal konnte man sie beobachten, wenn sie sich küssten, wenn sie ihre Scham leckten oder auch ihre Brüste kneteten. Dann wurde so manch ein Mann unruhig, aber auch Frauen schauten oftmals bei den Kräuterfrauen vorbei, wie sie sich hier nannten.

Diese Frauen konnte niemand auseinanderbringen. Fest verankert mit den anderen, von Kindesbeinen an zusammen, waren Ruth, Caro und Mimi das beste Indiz dafür, dass wahre Freundschaft niemals endet.

Sie liebten sich im Mondschein, wenn die Sterne leuchteten und die Wölfe jaulten. Sie liebten sich bei Kerzenschein im Winter, wenn die Tiere, die Hunger litten, dicht an ihre Hütte kamen, oder andere Hexen Zuflucht suchten, wenn irgendwelche Häscher der Kirche ihre Hütte abgebrannt hatten.

Doch allgemein war es in diesem schwarzen Wald angenehmer, zu leben, und es gab auch nicht so viel Unruhe hier. Man ging seiner Arbeit nach, tanzte im Mai um den Maienbaum, feierte die Walpurgisnacht, die schon sehr alt war und wenn es den Frauen in den Sinn kam, dann liebten sie sich nicht nur einen Tag, sondern gleich mehrere Tage, glitten mit ihren Füßen über die sanfte Haut einer anderen Heilkundigen. Führten sich Lust zu, genossen die Liebe und manch hungriger Blick traf die eine oder andere Heilkundige, die dann zu ihnen kam, und Ruth, Caro und Mimi waren nicht abgeneigt, auch sie in ihre Mitte aufzunehmen.

Es wurden mehr Häuser im Wald gebaut, fast konnte man es eine Siedlung nennen. Dreißig Hexen trieben hier ihr Unwesen und alsbald wurden die Kräuter knapp, man ging bei Bauern arbeiten, denn allein von dem Verkauf der Salben und Pillen konnten auch Hexen noch nicht leben. Doch sie gaben nicht auf.

Wenn der Vollmond schien, liebten sie sich unter freiem Himmel, leckten sich ihre herrlichen Vaginen und saugten ihre Brüste, bis die Nacht in den Tag überging. Es war ein herrliches Leben, denn hier war für jeden Platz.

Die Kirche war hier wesentlich humaner als im Norden Deutschlands, das Kirchenvolk stellte wohlwollende Fragen und hin und wieder, wenn ein Kirchenfürst krank daniederlag, holte man eine Heilkundige dazu, die den Kirchenfürsten im besten Fall gesunden ließ.

Man spürte, dass sich etwas im Umbruch befand. Natürlich nur hier, im schwarzen Walde, denn von überall her wurde jetzt von Hexenverbrennungen berichtet; böse Zeiten schienen anzubrechen, doch Ruth, Caro und Mimi waren immer frohen Mutes und liebten sich, nahmen reichlich Vitamine zu sich und blieben von so mancher Krankheit verschont.

Auch als sie damals aus dem Kerker entlassen worden waren, hatten ihnen die Vitamine gutgetan. Sie waren zwar ausgemergelt durch die karge Kost, doch reichhaltige Nahrung und Kräuterpackungen, die die Hexen sich auf den Körper legten, machten sie schnell wieder gesund.

Hier, wo sie jetzt lebten, war alles ganz anders. Froh darüber, dass sie einen ruhigen Platz gefunden hatten, blühten Ruth, Caro und Mimi noch einmal so richtig auf. Wenn sie nicht gerade irgendwelche Kräutertinkturen brauten, so weit war man mittlerweile, stand temperamentvoller Sex auf dem Plan. Es war wunderschön, wenn man sich zuerst am Ohr knabbern ließ und nach und nach immer weiter nach unten wanderte. Ruth war noch immer die Meisterin, was die Fußmassage anlangte, Mimi hatte das dritte Auge, was sie sehen ließ, was andere nicht sahen, und Caro war einfach achtsam, beobachtete, knabberte an Ruths Ohrmuschel, während Mimi Caros Hintern knetete, was diese wiederum unwiderstehlich fand.

Sie machten es sich schon schön, die drei, die so viel Schlechtes überstanden hatten, und wenn sie es den neuen Hexen erzählten, wollte man es kaum glauben.

Aber so war es gewesen. Man erinnerte sich an feuchte Vaginen, an herrliche Spiele mit der Feder und Sex, der Spuren bei den Frauen hinterlassen hatte.

In einem solchen Umfeld liebevollen Sex zu haben, blieb ein Leben lang bei Ihnen, und es war einfach nur schön, daran zu denken.

***

Am Johannistag zogen alle Hexen zu einem Platz mitten im Wald und frönten der gleichgeschlechtlichen Liebe. Jeder konnte mit jeder anderen Frau Sex haben, doch viele blieben ihren Frauen treu.

Ruth lachte über dieses Getümmel und Mimi meinte, dass dies nicht lange gut gehen würde. Die Frauen würden eifersüchtig werden, und schau nur, die hat vielleicht ein Paar Hängebrüste, das sieht aber wirklich nicht appetitlich aus, und schau mal dort, die hat einen Hintern wie ein Pferd.

Ruth sah Mimi fragend an und sagte: »Meinst du das jetzt

ernst, oder beobachtest du nur?«

»Ich beobachte und sage dir, dass so viele Frauen auf einmal nicht gut sind. Sie beginnen zu lästern, und einmal damit angefangen, ist es aus mit der Harmonie. Viel eher sollten wir größer denken, größer bauen und vielleicht ein zweites Dorf errichten.«

»Du klingst wie eine Burgherrin«, meinte Caro, doch Mimi sollte recht behalten.

Der nächste Johannistag kam und da gab es handfeste Auseinandersetzungen, weil die neuen Kräuterfrauen die gleichen Rechte verlangten wie die älteren. Sie hätten schließlich auch mit dafür gesorgt, dass hier alles am Laufen bleibe, und man möchte sich auch die Mösen lecken lassen und nicht ständig nur Dienerin sein.

»Du hattest recht«, meinte Ruth, die mittlerweile graues Haar hatte und sich etwas zurückhielt, aber nichtsdestotrotz dem Sex frönte, es nur etwas langsamer angehen ließ. »Hat nur ein Jahr gedauert, bis uns hier alles um die Ohren fliegt. Lasst uns gehen, wir bauen uns woanders eine neue Heimstatt auf, ich habe keine Lust mehr auf Auseinandersetzung.«

Gesagt, getan.

Viele Kilometer gingen sie jeden Tag. Sie schafften nicht mehr so viel wie in jungen Jahren, doch als sie in eine Stadt namens Freudenstadt kamen, sagte Mimi sofort: »Hier bleiben wir! Diese Stadt ist gut für uns. Ich spüre es mit all meinen Sinnen.«

Und sie sollte recht behalten.

Man baute sich ein kleines Häuschen, verkaufte viele Döschen, Tuben und Kügelchen an Durchreisende und Kranke. Sie wurden anerkannt, nicht mehr als Hexen angesehen, und hin und wieder kam jemand vorbei, um Neues aus der alten Heimat zu berichten.

Doch das interessierte die Frauen nicht.

Ihnen lag daran, Kranke zu heilen, liebevoll miteinander umzugehen und in Ruhe alt zu werden. Mimi, Caro und Ruth verbrachten eine wundervolle Zeit zusammen, sie entwickelten ihre Pasten immer weiter, verbesserten die Rezepturen, und wenn alles so weiter lief, konnten sie sogar einen kleinen Laden eröffnen, wo sie ihre Heilkräuter feilboten.

Vor gut fünf Jahren hätte man es nie geglaubt, doch nun war es Wirklichkeit geworden. Die drei Frauen waren zufrieden mit sich und dem, was sie geschaffen hatten, sie bereuten nicht einen Tag, als sie damals von den furchtbaren Weibern geflohen waren, hier herrschte Ruhe, Zuversicht, und wenn sie alle Lust dazu hatten, spielten sie mit der Feder, die noch immer in ihrem Besitz war, und führten sich Lust zu. Berührungen, die sinnlicher nicht sein konnten, etwas, was nur möglich war, wenn man sich so gut verstand wie diese drei Hexen.

NICHT VERPASSEN: KOSTENLOS PER POST ...

»DER SCHARFE LESBISCHE DREIER«

DIE EROTISCHE ZUSATZGESCHICHTE

SCHNEIDE DIR DIE POSTKARTE AUS
UND SCHICKE SIE AUSGEFÜLLT ZURÜCK!

Exklusiv & kostenlos für unsere Buchkäufer:

»Der scharfe lesbische Dreier«

Die erotische Kurzgeschichte & iPad-Gewinnspiel

GRATIS

Kostenlos per Post:

Der scharfe lesbische Dreier
Holly Rose
Erotische Kurzgeschichte
16 Seiten
Die Internet-Story zu dem Buch: »Lesbische Liebe 3«

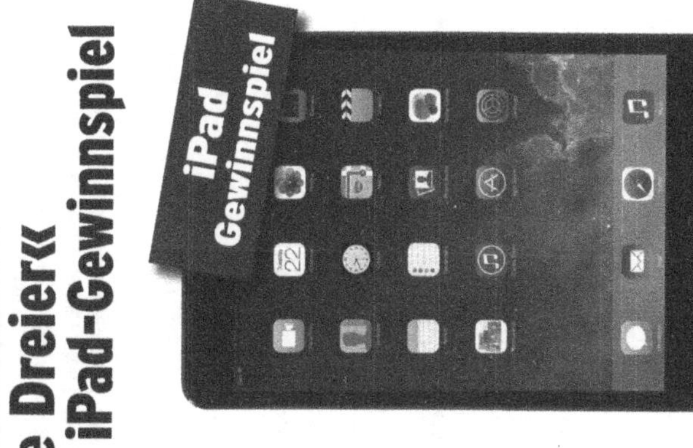

Die Verlosung erfolgt jeden ersten Freitag im Quartal (Datum des Poststempels). Gewinner werden schriftlich benachrichtigt. Mitarbeiter von blue panther books und deren Angehörige dürfen nicht teilnehmen! Der Rechtsweg ist ausgeschlossen!